Low Carb
mit dem Thermomix®

Simone Filipowsky ist Hamburgerin, studierte Modedesignerin und Vintage-Liebhaberin. Ihre Leidenschaft für gute Speisen, Produkte und neue Foodtrends spiegelt sich auch auf ihrem Blog wider: www.s-kueche.com.
„Ich liebe gute Küche ohne Convenience Produkte und bereite aus ausgewählten Zutaten leckere Gerichte von Grund auf selbst zu. Saisonal koche und backe ich mich mit Früchten und Gemüse durch die Jahreszeiten und liebe ab und zu auch die schnelle Küche. Alltags koche ich sehr gesund, an besonderen Tagen darf auch geschlemmt werden."

Hinweise

Die Backofentemperaturen beziehen sich auf den Elektroherd mit Ober- und Unterhitze. Falls Sie mit Umluft arbeiten, reduzieren Sie die Temperatur um 20 °C. Soweit nicht anders angegeben, werden die Kuchen auf der mittleren Einschubleiste gebacken.
Wenn in der Zutatenliste „Pfeffer" genannt wird, so wird darunter stets frisch gemahlener schwarzer Pfeffer aus der Mühle verstanden. Alle anderen Pfeffersorten werden explizit genannt.

Wichtige Hinweise:
Alle Angaben, Ratschläge und Tipps in diesem Buch wurden nach dem aktuellen Wissensstand sorgfältig erarbeitet. Dennoch erfolgen alle Angaben ohne Gewähr. Verlag und Autoren haften nicht für eventuelle Nachteile und Schäden, die aus den im Buch gemachten praktischen Hinweisen resultieren. Die in diesem Buch enthaltenen Ratschläge ersetzen nicht die Untersuchung und Betreuung durch einen Arzt.

Die Rezepte aus diesem Buch sind im Auftrag des Verlags für die Herstellung im Thermomix® TM5 entwickelt worden. Alle Rezepte wurden von den Autoren und dem Verlag mit größtmöglicher Sorgfalt und nach aktuellem Wissenstand erstellt und geprüft. Dennoch erfolgen alle Angaben ohne Gewähr. Weder Verlag und Autoren noch Vorwerk haften für eventuelle Nachteile und Schäden, die aus den im Buch gemachten praktischen Hinweisen resultieren. Thermomix® ist ein eingetragenes Markenzeichen der Vorwerk-Gruppe.

Bildnachweis
Rezeptfotos: TLC Fotostudio
Illustrationen: Fotolia.com: © blankstock (Icons: Sterne, Waage), © Ekaterina Kondrateva (Icon Spinat) © glorcza (Foodicons), © LynxVector (Icon Teller), © panptys (Icons: Buch, Cloche, Dipschüssel, Kaffeetasse, Kochmütze, Muffin, Suppenschüssel), © Puckung (Icon Uhr)

Low Carb mit dem Thermomix®

Inhalt

Genussvoll abnehmen mit Ihrem Thermomix®

„Low Carb" ist ein englischer Begriff. „Carb" ist dabei die Abkürzung für „Carbohydrates" und bedeutet „Kohlenhydrate". „Low Carb" heißt somit nichts anderes als „wenig Kohlenhydrate". Menschen, die Übergewicht reduzieren oder ihrer Gesundheit etwas Gutes tun wollen, reduzieren Kohlenhydrate. Vor allem die kurzkettigen Kohlenhydrate aus Weißmehl und Zucker sollten zu diesem Zweck eingespart und ersetzt werden, denn diese verursachen Blutzuckerschwankungen mit einhergehendem Heißhunger und der Gefahr für Übergewicht. Wer kohlenhydratreduziert isst und seinen Teller mit magerem Protein und guten Fettquellen füllt, kann damit Übergewicht bekämpfen und Gewicht verlieren.

Eine Low-Carb-Ernährung kann dabei wesentlich vielseitiger sein, als die meisten vermuten. Wenn man sich näher damit beschäftigt, stellt man fest, dass man nicht nur auf einige wenige Lebensmittel verzichtet, sondern im Gegenzug viele neue entdeckt und damit auch deren Zubereitung und Variationsmöglichkeiten. Man gewöhnt sich daran Saucen ohne Mehl und Stärke zu binden und erfährt, dass Sättigungsbeilagen nicht aus Pasta und Kartoffelprodukten bestehen müssen. Auch auf Gebackenes und Süßes muss man nicht verzichten, wenn man weiß welche alternativen Zutaten man verwenden kann. Abwechslungsreich und ausgewogen sollte eine Low-Carb-Ernährung sein. Nicht nur um mögliche gesundheitliche Schäden durch einseitige Mahlzeiten zu vermeiden, sondern natürlich auch, damit die Freude am Essen bleibt und man den Spaß nicht aus dem Blick verliert.

Guter Geschmack hängt nicht unmittelbar von der Höhe der Kalorien ab, die man zu sich nimmt. Wer eine Low-Carb-Ernährung anstrebt, sollte die folgenden Faustregeln beachten:

Low-Carb-Regeln

- weniger als 40 % Kohlenhydrate pro Tag
- auf gute Fette achten
- Protein bei jeder Mahlzeit
- viel Salat und grünes Gemüse
- regelmäßig Nüsse und Samen

Bei Ihrem Start in eine abwechslungsreiche und gesunde Low-Carb-Küche kann Ihnen Ihr Thermomix® sehr gut helfen. Mit dem Thermomix® lassen sich viele Gerichte und Getränke nicht nur schnell, einfach und unkompliziert zubereiten – gradgenaues Garen ermöglicht obendrein eine schonende Zubereitung und beim Dampfgaren im Varoma bleiben Nährstoffe und Aromen besonders gut erhalten.

Figurfreundliches und gesundes Kochen und Zubereiten wird durch schnelles Zerkleinern von Rohkostsalaten und Fruchtpürees leicht gemacht. Leichte Suppen und Saucen gelingen mit dem Thermomix® ganz besonders cremig. Viele Smoothies, Cremespeisen und Mixgetränke lassen sich im Thermomix® blitzschnell und besonders gleichmäßig mixen. Auch Low Carb unterstützende Bindemittel oder Süßstoffe werden mit dem Thermomix® effektiv und gleichmäßig untergerührt, was die Rezepte gelingsicher macht.

Besonders gut funktioniert die Verarbeitung von Saaten und Nüssen im Thermomix®. Diese sind bei der ausgewogenen Low-Carb-Ernährung im Fokus, lassen sich doch mit ihnen nicht nur kohlehydratreiche Lebensmittel ersetzen – sie haben auch noch einen enormen gesundheitlichen Nutzen. Nüsse und Saaten sind reinste Kraftpakete und voll von wichtigen Nährstoffen. Sie lassen sich nicht nur in Cremes, Frühstücksspeisen und Kuchen verwenden, sondern auch in vielen Hauptgerichten. In diesem Buch werden Müsli und Brot fast ausschließlich mit Nüssen und Saaten hergestellt. Mit dem Thermomix® kann man ganz vortrefflich Mandeln und Nüsse wie gerieben zerkleinern, es lässt sich Mandel- und sonstiges Nussmus herstellen, und Saaten können geschrotet werden, um nur einige der Verarbeitungsweisen zu nennen.

Was eignet sich für die Low-Carb-Ernährung?

Wer sich in Büchern und im Internet nach Low Carb geeigneten Zutaten umsieht, dem wird es durch die Fülle der neuen oder wiederentdeckten Lebensmittel und Produkte nicht gerade leicht gemacht. Zwei einfache Faustregeln helfen Ihnen dabei, sich im Kohlenhydratdschungel zurechtzufinden: Vermeiden Sie zu viele Kohlenhydrate aus Zucker, Stärke, Getreide und Teigwaren. Greifen Sie stattdessen zu bei Fleisch, Fisch, naturbelassenen Milchprodukten, naturbelassenen Sojaprodukten, Seitan, Eiern, Nüssen und Samen, Öl und grünem Gemüse.

Kohlenhydratarme Lebensmittel

Fleisch	Schweinefleisch, Rindfleisch, Lammfleisch, Geflügel, Wild, Wurstwaren (Natur)
Fisch	Lachs (Pazifik), Hering (Atlantik), Kabeljau (Ostsee) und andere Fische aus nachhaltiger Fischerei
Gemüse & Salat	Blumenkohl, Spinat, grüne Bohnen, Auberginen, Sauerkraut, Spargel, Gurken, Tomaten, Zucchini, Weißkohl, Wirsing, Zwiebeln, Rhabarber, Feldsalat, Blattsalat
Obst	Avocado, Brombeeren, Himbeeren, Papaya, Zitrone
Nüsse & Samen	Leinsamen, Pekannüsse, Pistazien, Paranüsse, Mandeln, Macadamianüsse, Kokosnüsse, Mohn
Milch & Milchprodukte	Kuhmilch, Schafmilch, Sojamilch (ungesüßt), Buttermilch (Natur), Kefir (Natur), Joghurt (Natur), Crème fraîche, Sahne, Schmand, Feta, Frischkäse, Hartkäse, Weichkäse, Mascarpone, Ricotta, Quark
Sojaprodukte	Tofu (Natur), Räuchertofu, Seitan (Natur), Sojaschnetzel
Eier	

Dazu werden in diesem Buch eine Reihe weiterer Zutaten verwendet, die im Folgenden näher erläutert werden. Die Liste der kohlenhydratarmen Süß- und Bindemittel ist bewusst klein gehalten und auf das beschränkt, was erprobt und hinlänglich erforscht ist und den Geschmack oder die Konsistenz der Gerichte nicht beeinträchtigt, sondern verbessert. Einige Zutaten sind oft nur von kleinen Anbietern erhältlich, dafür erfreulicherweise meist in Bioqualität. Einzelne Mehle oder Bindemittel sind nicht unbedingt günstig, es konnte aber das gesamte Buch mit jeweils einer Packung der im Folgenden aufgezählten Zutaten durchgekocht werden. Die meisten Produkte bekommt man in Bio-Läden, in einigen gut sortierten Supermärkten oder im Online-Handel.

Süßmittel

Hauptsächlich werden im Buch **Xylit** und **Reissirup** verwendet. Sie können aber auf alternative Süßen Ihrer Wahl ausweichen.

Xylit, ursprünglich aus Birkenzucker gefertigt, wird in der industriellen Herstellung meist aus Maiskolben gewonnen. Xylit sieht nicht nur aus wie Zucker, sondern kommt seinem Geschmack mit am nächsten und kann genau wie Zucker verarbeitet werden. Xylit ist daher bestens zum Backen geeignet und hat beinahe halb so viel Kalorien wie Zucker.

Reissirup enthält eine Vielzahl an natürlichen Mineralien und langkettigen Zuckerarten. Er ist eine perfekte Zuckeralternative für Diabetiker, aber auch für diejenigen, die abnehmen oder einfach auf den üblichen Haushaltszucker verzichten wollen. Sein neutraler, mild-süßer Geschmack macht ihn vielseitig einsetzbar.

Mehle

Es wurden verschiedene Mehle verwendet, um das übliche Weizenmehl in Rezepten zu ersetzen. Wer völlig auf Backwerke verzichten möchte, kommt ganz ohne Mehl aus. Ab und zu ein Stück Brot oder Kuchen ist aber schon etwas Feines und es gibt eine Fülle von Alternativen zu kohlenhydratreichem Weizenmehl.

Mandelmehl und **Kokosmehl** lassen sich gegeneinander austauschen, hier hängt die Verwendung allein vom Geschmack ab. Für neutrale Brote oder einige Kuchen und Gebäck sollte man Mandelmehl vorziehen. Wenn ein leichtes Kokosaroma erwünscht ist, dann nimmt man Kokosmehl. Beide Mehle sind kohlenhydratarm und das Mandelmehl darüber hinaus besonders eiweißreich und leicht süß.

Leinmehl ist sehr balaststoff- und eiweißreich. Sein nussiger Geschmack passt gut zu Broten oder herzhaften Gerichten.

Lupinenmehl hat einen kräftigen, nussigen Geschmack, ist nährstoffreich und sehr bindefähig.

Bindemittel

Saucen, Cremes, Backwerke und vieles mehr, wird üblicherweise meist mit Weizenmehl oder Speisestärke gebunden. Auch hierfür gibt es prima Alternativen.

Flohsamenschalen – die Alleskönner, sind hier die Favoriten. Sie besitzen nicht nur einen hohen gesundheitlichen Nutzen, beispielsweise zur Darmregulierung, sie haben auch ganz fantastische Quelleigenschaften. Gemahlene

Flohsamenschalen, geben Speisen eine feine, gleichmäßige, dickflüssige oder feste Struktur im Gegensatz zu ungemahlenen. Die Anwendung ist denkbar einfach und sorgt für tolle Ergebnisse. Die Schalen werden in heiße und auch kalte Speisen einfach eingerührt, quellen auf und dicken die Gerichte innerhalb von 10–20 Minuten an, ohne dass sie erwärmt oder gar zum Kochen gebracht werden müssen. Dabei sind Flohsamenschalen geschmacksneutral und einfach zu dosieren.

Zum Binden von Saucen eignen sich dagegen **Guarkernmehl** oder **Johannisbrotkernmehl,** denn sie sorgen für eine bessere Konsistenz.

Sättigungsbeilagen

Quinoa und **Amarant** besitzen einen niedrigen glykämischen Index und besonders komplexe Kohlenhydrate. Beide zählen zu den Pseudogetreiden und sind sehr nährstoffreich. Aus diesem Grund verwendet man besonders Quinoa gern als Sättigungsbeilage, obwohl es einen etwas höheren Kohlenhydratanteil besitzt.

Amarant- oder **Quinoa-Pops** werden wie Puffmais oder -reis hergestellt und besitzen ein geringes Volumen. Sie sind dadurch ein kalorienarmes und vielseitiges Topping für Milchprodukte, Cremes und Desserts.

Goldleinsaat besitzt dieselben wertvollen Eigenschaften wie die ebenso eiweißreiche, dunkle Verwandte. Aber sie ist im Geschmack milder und hat, wie der Name schon sagt, einen schönen Goldton.

Die Symbole in diesem Buch

Portionen
Hier wird angezeigt, wie viele Portionen, Stücke oder Gläser das Rezept ergibt.

Kalorienangaben und Nährwerte
Hier sind die durchschnittlichen Kalorien und Nährwerte der Gerichte pro Portion oder Stück angezeigt.

Schwierigkeitsgrad
Hier finden Sie den für das Rezept angegebenen Schwierigkeitsgrad von leicht bis aufwendig.

Zubereitungszeit
Dies ist die aktive Arbeitszeit zuzüglich möglicher Ruhe-, Kühl-, Gar- oder Backzeiten.

Die meisten Rezepte in diesem Buch sind recht einfach und schnell gemacht. Ein toller Geschmack muss nicht von kompliziertem Vorgehen abhängen, sondern kann auch durch überlegte Wahl der kombinierten Produkte erreicht werden. Ist eine Zutat nicht im Haus oder schwer erhältlich, kann sie ersetzt werden. Es gibt keinen Brokkoli? Dann eben Blumenkohl. Warum statt Karotten nicht auch einmal andere Rüben verwenden. Mandeln durch Haselnüsse oder Kuh- durch Mandelmilch ersetzen. Einzig die Backrezepte sollten wenig verändert werden, um ein optimales Ergebnis mit guter Struktur zu erhalten. Schließlich steht der Thermomix® nicht nur für tolle, sondern auch schnelle Ergebnisse und einfaches Vorgehen.

Und jetzt viel Spaß beim Low-Carb-Kochen mit dem Thermomix®!

Frühstück

Für einen ausgewogenen Start in den Tag mit viel Eiweiß und Ballaststoffen

Für 2 Portionen
Pro Portion ca. 218 kcal/914 kJ, 7 g E, 16 g F, 11 g KH
leicht
Zubereitung: 10 Min.

Erdbeer-Eiweiß-Smoothie

6 große oder 8 kleine Blätter Basilikum
20 g Goldleinsamen
230 g Erdbeeren
230 g Griechischer Joghurt

Optional
1–2 Tl Xilit oder alternative Süße
1 Handvoll frische Früchte
gepopptes Amarant
Basilikum als Deko

Basilikum waschen und gut trocken schütteln. Basilikum und ungeschrotete Goldleinsamen in den Mixtopf geben und **10 Sekunden/Stufe 8** mixen. Sollte die Leinsaat bereits geschrotet vorrätig sein, nur das Basilikum **2 Sekunden/Turbomodus** zerkleinern.

Erdbeeren waschen und putzen.

Joghurt, Erdbeeren und Leinsamen, wenn Sie bereits geschrotete verwenden, hinzufügen, nach Geschmack süßen und **30 Sekunden/Stufe 7** verrühren.

Pur oder mit frischen Früchten ins Glas schichten und mit Basilikum und Amarant dekorieren.

Erdbeeren

Für 2 Portionen

Pro Portion ca. 194 kcal/811 kJ, 3 g E, 10 g F, 22 g KH

leicht

Zubereitung: 10 Min.

Grün-weißer Vanille-Avocado-Smoothie

Für die Vanilleschicht

1 Banane

200 g fettreduzierte Kokosmilch

Mark von 1/4 Vanilleschote oder 2 Msp. gemahlene Vanille

1 gestrichener El Chiasamen

Für die Avocadoschicht

50 g Babyspinat

½ Avocado

10 Minzeblätter

Minze zur Dekoration

Avocados

Für die Vanilleschicht die Banane schälen und in 4 Stücke schneiden. Alle Zutaten **10 Sekunden/Stufe 7** mixen. Mixtopf leeren und reinigen.

Für die Avocadoschicht den Spinat waschen, putzen und trocken schütteln. Die halbe Avocado schälen. Alle Zutaten mit 50 Gramm Wasser **30 Sekunden/Stufe 4–8 schrittweise ansteigend** pürieren.

Beide Farben übereinander in Gläser schichten und mit Minze dekorieren.

Für 2 Portionen
Pro Portion ca. 186 kcal/778 kJ, 3 g E, 2 g F, 37 g KH
leicht
Zubereitung: 10 Min.

Himbeer-Colada-Shake
mit Banane

Für die Himbeerschicht
160 g Himbeeren
½ Banane

Für die Kokosschicht
200 g fettreduzierte Kokosmilch
1 Banane
Saft von 1 Limette
5 Minzeblätter

Außerdem
100 g Kokoswasser, nach Belieben
Himbeeren und Minze zur Dekoration

Die Himbeeren **10 Sekunden/Stufe 6** pürieren, anschließend durch ein Sieb streichen und mit der ½ Banane **10 Sekunden/Stufe 6** verrühren. Wer nicht sieben möchte, sondern die Kerne mitverwendet, kann die Banane gleich hinzugeben. Alles aus dem Mixtopf nehmen und beiseitestellen. Den Mixtopf gründlich säubern und trocknen.

Für die Kokosschicht, Kokosmilch, Banane, Limettensaft und Minzeblätter **20 Sekunden/Stufe 8** mixen. Nach Wunsch mit etwas Kokoswasser verlängern.

Nun zuerst die Himbeersauce, dann die Kokosmischung und oben wieder etwas Himbeersauce in 2 Gläser füllen. Nach Belieben mit Himbeeren und Minze dekorieren.

Für 2 Portionen

Pro Portion ca. 207 kcal/860 kJ, 5 g E, 8 g F, 27 g KH

leicht

Zubereitung: 10 Min.

Pfirsich-Smoothie-Bowl
mit Orange und Blaubeeren

- 4 Weinbergpfirsiche oder 2 gelbe Pfirsiche
- 1 kleine Orange
- 100 g Griechischer Joghurt
- 2 El Goldleinsaat, ersatzweise braune Leinsamen
- 2 Tl Xilit oder alternative Süße
- 125 g Blaubeeren
- 1 El gepopptes Quinoa

Pfirsiche waschen, entkernen und halbieren, die Orange auspressen. Pfirsiche, Saft, Joghurt, Leinsaat und Xilit in den Mixtopf geben. **20 Sekunden/Stufe 4** mixen. Mit dem Spatel nach unten schieben und **40 Sekunden/Stufe 7** mixen.

In Schälchen oder Gläsern anrichten und mit frischen Beeren und Quinoa-Pops dekorieren.

Blaubeeren

Orangen

Für 2 Portionen
Pro Portion ca. 114 kcal/476 kJ, 3 g E, 6 g F, 11 g KH
leicht
Zubereitung: 10 Min.

Beeren-Smoothie-Bowl
mit Roter Bete und Orange

30 g frische Rote Bete
Saft von ½ Orange
100 g Himbeeren
100 g Blaubeeren
100 g Griechischer Joghurt
1 Tl gemahlene Flohsamenschalen
2 Tl Xilit oder alternative Süße

Rote Bete schälen, würfeln und in den Mixtopf geben. **2 Sekunden/Turbomodus** zerkleinern und mit dem Spatel nach unten schieben. Den Orangensaft hinzufügen und **40 Sekunden/Stufe 7** mixen.

Die restlichen Zutaten je nach Wunsch mit oder ohne Flohsamenschalen in den Mixtopf geben. Einige schöne Beeren beiseitelegen. **30 Sekunden/Stufe 7** mixen, anschließend im Mixtopf für 15 Minuten quellen lassen. Dann in Schälchen füllen und mit den Beeren bestreuen.

Orangen

Rote Bete

Tipp!

Für dieses Granola könnte man gekauftes Mandelmus verwenden, oder es gleich kostengünstiger selbst herstellen. (Rezept: Mandelmus Seite 124. Wird es für das Granola hergestellt, sollte man das Salz weglassen.)

Für 1 Glas à ca. 600 g
Pro Glas ca. 3267 kcal/13673 kJ, 102 g E, 263 g F, 130 g KH
leicht
Zubereitung: 40 Min.

Saaten-Nuss-Granola mit Eischnee

- 2 Eiweiß
- 40 g Honig
- 40 g mildes Öl
- 50 g Mandelmus
- 2 Msp. Zimt
- 2 Msp. gemahlene Vanille oder Mark von ½ Vanilleschote
- 200 g gemischte Nüsse
- 60 g Sonnenblumenkerne
- 60 g Kürbiskerne
- 50 g getrocknete Maulbeeren, ersatzweise getrocknete Cranberries
- 60 g Goldleinsaat
- 20 g Quinoa-Pops

Ofen auf 160 °C vorheizen.

Eischnee **mit Rühraufsatz 4 Minuten/Stufe 3.5** steif schlagen, anschließend Eischnee umfüllen, **Rühraufsatz entfernen** und Mixtopf reinigen.

Honig, Öl, Mandelmus, Zimt und Vanille in den Mixtopf geben und **20 Sekunden/Stufe 3** mischen. Nüsse, Kerne, Früchte, Saaten und Quinoa hinzufügen und **1 Minute/Linkslauf/Stufe 2** vermengen, anschließend den Eischnee hinzufügen und erneut **1 Minute/Linkslauf/Stufe 2** vermengen.

Das Granola auf dem mit Backpapier ausgelegten Backblech ausstreichen und 20–30 Minuten goldbraun backen. Zwischenzeitlich das Granola zweimal durchrühren, damit es schön gleichmäßig durchbackt.

Vollständig abgekühlt luftdicht verschließen und innerhalb von 2 Wochen aufbrauchen.

Für 2 Portionen

Pro Portion ca. 353 kcal/1478 kJ, 23 g E, 14 g F, 31 g KH

leicht

Zubereitung: 10 Min.

Limetten-Quark
mit Kokos

1 Banane
Saft und etwas Abrieb von 1 Limette
300 g Quark (20 % Fett i. Tr.)
2 El Xilit oder alternative Süße
150 g Milch

Zum Bestreuen
2 El Kokosraspel
Minzeblätter oder Zitronenmelisse, nach Belieben

Die Banane schälen, in grobe Stücke schneiden, mit dem Saft und Abrieb der Limette, Quark, Xilit und Milch in den Mixtopf geben und **30 Sekunden/Stufe 4** mixen.

In Gläser oder Schalen füllen und mit Kokosraspel bestreuen. Nach Belieben mit einigen Blättern Minze oder Melisse garnieren.

Tipp: Die Kokosraspel kann man vor dem Bestreuen auch kurz in einer Pfanne ohne Fett anrösten. Das gibt noch einmal eine schöne Farbe auf dem Quark und etwas Crunch beim Essen.

Für 2–4 Portionen

Pro Portion ca. 288 kcal/1206 kJ, 13 g E, 13 g F, 30 g KH

leicht

Zubereitung: 10 Min.

Bananenquark
mit Knuspernüssen

- 40 g Haselnüsse
- 1 El Honig
- 2 Bananen
- 200 g Quark 20 % Fett i. Tr.
- 50 g Vollmilch
- 2 Spritzer Zitrone
- 1 El Xilit oder alternative Süße
- 2 Msp. gemahlene Vanille
- 1 Tl Kakao
- 2 Tl gepoppter Amarant

Haselnüsse in den Mixtopf geben und **10 Sekunden/Stufe 5–6** hacken. Anschließend ohne Fett einige Minuten rührend in einer Pfanne rösten, bis sie anfangen zu duften. Den Honig dazugeben und gut durchrühren.

Alle anderen Zutaten in den Mixtopf geben, die Bananen dafür jeweils schälen und in 4 Stücke schneiden. **20 Sekunden/Stufe 5** mixen.

Bananenquark in flachen Schalen anrichten, jeweils einen Kranz Honignüsse dekorieren, in die Mitte eine Nuss und etwas Kakaopulver setzen und mit Amarant-Pops bestreuen.

Bananen

Für 4 Stück | Pro Stück ca. 210 kcal/877 kJ, 7 g E, 19 g E, 4 g KH | mittel | Zubereitung: 45 Min.

Frühstücksbrötchen

60 g Kokosmehl
1 El Sonnenblumenkerne
1 El Goldleinsaat
2 Tl gemahlene Flohsamenschalen
¼ Tl Salz
1 gestrichener Tl Backpulver
2 Eier Gr. L
2 Tl Olivenöl
90 g Saure Sahne oder Schmand

Eier

Kokosmehl, Sonnenblumenkerne, Leinsaat, Flohsamen, Salz und Backpulver in den Mixtopf geben. **10 Sekunden/Stufe 4** vermischen. Eier, Öl und Saure Sahne hinzufügen und **2 Minuten/Knetmodus** verkneten.

Den Backofen auf 200 °C vorheizen.

Teig in eine Schüssel füllen und mindestens 5 Minuten quellen lassen. Ist er noch zu klebrig, erneut 5 Minuten quellen lassen. Er sollte sich nun gut zu flachen Brötchen formen lassen. Das klappt besonders gut, wenn man sich die Hände mit einigen Tropfen Öl einreibt. Anschließend die Brötchen auf ein mit Backpapier ausgelegtes Backblech setzen und 20–30 Minuten goldbraun backen.

Tipp!

Diese Brötchen schmecken toll mit dem Nussnougat-Aufstrich, der veganen Leberwurst, dem Rote-Bete-Ricotta-Aufstrich und der Pfirsich-Melba-Chia-Marmelade aus diesem Buch.

Tipp!

Dazu passen süß-salziges Mandelmus, Rote-Bete-Ricotta-Aufstrich und vegane Leberwurst aus diesem Buch.

Für 1 Kastenform à 26 x 12 cm

Pro Stück ca. 2972 kcal/12441 kJ, 93 g E, 234 g F, 131 g KH

leicht

Zubereitung: 15 Min. (plus 2 Std. Quellzeit + 50 Min. Backzeit)

Nuss-Saaten-Brot

- 20 g Sesam
- 120 g Nüsse nach Wahl
- 60 g Sonnenblumenöl oder Kokosöl
- 150 g Sonnenblumenkerne
- 80 g Leinsaat
- 100 g Haferflocken
- 40 g Flohsamenschalen
- 1 ½ Tl Salz
- optional 1 El Reissirup

Sesam in einer Pfanne einige Minuten ohne Fett rösten und anschließend herausnehmen. Nüsse ebenfalls ohne Fett goldbraun rösten, bis sie beginnen zu duften. Wird Kokosöl verwendet, dieses einige Minuten schmelzen.

Abgekühlte Nüsse **4 Sekunden/Stufe 5** zerkleinern. Alle weiteren Zutaten ebenfalls in den Mixtopf geben und 450 Gramm Wasser separat abmessen. Die Zutaten **2 Minuten/Knetmodus** mischen und dabei das Wasser durch die Deckelöffnung langsam hinzugießen.

Eine Kastenform mit Backpapier auslegen, den Teig einfüllen, glatt streichen und mindestens 2 Stunden quellen lassen. In der Zwischenzeit den Backofen auf 175 °C vorheizen.

Den Teig 40–50 Minuten backen und anschließend in der Form komplett auskühlen lassen. Das Brot bleibt einige Tage frisch und lässt sich hervorragend scheibenweise einfrieren.

Für 2–3 Portionen

Pro Portion ca. 324 kcal/1355 kJ,
8 g E, 14 g F, 41 g KH

leicht

Zubereitung: 15 Min.

Bananen-Pancakes
mit Früchten der Saison

250 g gemischte Beeren (Erdbeeren, Himbeeren, Brombeeren)
2 Tl Xylit oder alternative Süße, nach Belieben
2 Bananen
1 El Kokosmehl
1 Ei Gr. L
20 g Butter oder Sonnenblumenöl

Früchte waschen und putzen. Die Hälfte der jeweiligen Früchte in den Mixtopf geben und **15 Sekunden/Stufe 6** pürieren.

Die Bananen schälen und zusammen mit dem Kokosmehl und dem Ei **20 Sekunden/Stufe 6** mixen. Anschließend in eine Schüssel umfüllen.

Etwas Fett in eine Pfanne geben. Jeweils 2 Esslöffel Pancaketeig pro Portion in das heiße Fett geben und die Pancakes bei mittlerer Hitze goldbraun backen.

Pancakes mit der Sauce und frischen Beerenfrüchten anrichten.

Erdbeeren

Himbeeren

Bananen

Kleine Gerichte, Salate & Suppen

Schnelle Rezepte, die satt machen, für den kleinen Hunger zwischendurch

Für 4 Portionen

Pro Portion ca. 401 kcal/1680 kJ, 9 g E, 37 g F, 7 g KH

leicht

Zubereitung: 20 Min.

Italienischer Sommersalat

½ Bund Schnittlauch
1 Handvoll Basilikumblätter
1 Salatgurke
60 g schwarze entkernte Oliven
1 mittelgroße Zucchini
7 El Olivenöl
2 ungeschälte Knoblauchzehen
200 g rote Kirschtomaten
200 g gelbe Kirschtomaten
70 g Rucola
200 g Mini-Mozzarellakugeln
3 El Essig
1 knapp haselnussgroße Menge Senf
Salz, Pfeffer

Kräuter und Gemüse waschen, putzen und gegebenenfalls schälen. Schnittlauch in 4 cm lange Stücke schneiden und mit dem Basilikum **7 Sekunden/Stufe 8** im Mixtopf mixen. Anschließend herausnehmen.

Gurke in 4 cm lange Stücke schneiden und im Mixtopf **4 Sekunden/Stufe 4** zerkleinern und ebenfalls herausnehmen. Oliven entweder **4 Sekunden/Stufe 4** zerkleinern oder mit einem Messer in feine Scheibchen schneiden.

Die Zucchini ebenfalls in 4 cm lange Stücke schneiden und **4 Sekunden/Stufe 4** zerkleinern und mit dem Spatel herunterschieben. Mit 2 Esslöffeln Olivenöl und den ungeschälten Knoblauchzehen **5 Minuten/120 °C/Linkslauf/Stufe 1 ohne eingesetzten Messbecher** dünsten. Zucchini in eine Salatschüssel geben und abkühlen lassen. Den Knoblauch herausfischen und schälen.

Kirschtomaten halbieren, Rucolablätter je nach Größe ganz lassen oder einmal halbieren, Mozzarellakugeln abtropfen lassen.

Knoblauch mit Essig, restlichem Öl und dem Senf **20 Sekunden/Stufe 6** im Mixtopf mixen. Alle Zutaten zu den Zucchini in die Schüssel geben, mit dem Dressing vermischen und mit Salz und Pfeffer würzen.

Für 4 Portionen
Pro Portion ca. 386 kcal/1613 kJ, 14 g E, 24 g F, 28 g KH
leicht
Zubereitung: 35 Min.

Asiatische Linsen-Salat-Schüssel

Für den Salat

100 g Belugalinsen, ersatzweise Berg- oder Puylinsen
150 g Erbsenschoten
200 g Rotkohl
200 g Blumenkohl
200 g Möhren
1 ½ El Sesam
50 g Cashewnüsse
1 El Öl
3 Frühlingszwiebeln

Für das Dressing

50 g Öl
3 El Reisessig oder Apfelessig
1 ½ El Reissirup
2 El Sojasauce
1 El Tahin (Sesampaste) oder Sesamöl
Salz, Pfeffer
Sojasauce zum Abschmecken

Erbsenschoten

Möhren

Linsen mit 500 Gramm Wasser in den Mixtopf geben. Gareinsatz mit den Erbsenschoten einhängen und **10 Minuten/100 °C/Linkslauf/Stufe 0.5** garen. Gareinsatz entfernen und die Linsen weitere **20 Minuten/100 °C/Linkslauf/Stufe 0.5** garen, Wasser abgießen, Linsen beiseitestellen und Mixtopf reinigen.

Rotkohl putzen, in grobe Stücke schneiden und **7 Sekunden/Stufe 5** im Mixtopf zerkleinern. Herausnehmen und beiseitestellen. Blumenkohl putzen, waschen, in Röschen teilen und **7 Sekunden/Stufe 6** zerkleinern und ebenfalls herausnehmen. Möhren waschen, schälen, in grobe Stücke schneiden und **5 Sekunden/Stufe 5** zerkleinern und ebenfalls herausnehmen. Den Mixtopf reinigen und trocknen.

Alle Zutaten für das Dressing in den Mixtopf geben und **30 Sekunden/Stufe 3** mixen. Sesam in einer Pfanne ohne Fett anrösten und herausnehmen. Cashewnüsse mit 1 Esslöffel Öl in der Pfanne goldbraun anrösten.

Frühlingszwiebeln waschen, putzen und mit einem scharfen Messer in hauchdünne Ringe schneiden.

Alle Salatzutaten ohne die Erbsen in einer Schüssel gut mischen. Eventuell mit Salz, Pfeffer und Sojasauce nachwürzen. Die Erbsenschoten aufschlitzen und obenauf legen oder den Salat einzeln in Salatschüsseln servieren.

Tipp!

Unbedingt mit der Guacamole von Seite 76 probieren. Sie macht das Tacogericht erst richtig komplett.

Für 4–6 Stück

Pro Stück ca. 267 kcal/1121 kJ, 23 g E, 16 g F, 7 g KH

mittel

Zubereitung: 45 Min. (plus 15 Min. Backzeit)

Möhren-Tacoschalen

mit Salsa, Steak und Salat

Für die Salsa

1 kleine rote Zwiebel
1 kleine Knoblauchzehe
Blätter von 6 Korianderstielen
300 g kernarme Fleisch- oder Flaschentomaten
1 Msp. Cayennepfeffer oder 5 cm mittelscharfe Chilischote
Salz, Pfeffer
Saft von ½ Limette

Für die Tacoschalen

140 g Cheddar
225 g Möhren
2 Eier Gr. M
2 gehäufte El Kokosmehl
1 gestrichener El gemahlene Flohsamen
Salz, Pfeffer

Für die Füllung

½ Salatkopf nach Wahl
Öl zum Braten
250 g Hüftsteak
Salz, Pfeffer

Zwiebeln

Steak

Für die Salsa Zwiebel und Knoblauch schälen und halbieren. Mit den Korianderblättern **2 Sekunden/Turbomodus** zerkleinern und mit dem Spatel an den Seitenwänden herunterschieben. Tomaten waschen, halbieren und entkernen. Die Tomatenhälften zu den Zwiebeln in den Mixtopf geben und **4 Sekunden/Stufe 5** zerkleinern. Mit Chili, Salz, Pfeffer und Limettensaft pikant abschmecken.

Den Backofen auf 200 °C vorheizen. Käse in den Mixtopf geben und **5 Sekunden/Stufe 4–5** zerkleinern. Käse herausnehmen, die Menge halbieren und einen Teil zum Bestreuen beiseitestellen.

Möhren putzen, jeweils in vier Stücke schneiden, in den Mixtopf geben und **5 Sekunden/Stufe 8** zerkleinern. 50 Gramm Wasser zugeben und **5 Minuten/100 °C/Stufe 1** garen, Möhren herausnehmen, abtropfen und lauwarm abkühlen lassen. Eier, Kokosmehl, Flohsamenschalen, je 1 Prise Salz und Pfeffer, Möhren und die eine Hälfte des Käses in den Mixtopf geben und **1 Minute/Knetmodus** verkneten. Je nach Größe 4–6 Teigbällchen mit viel Abstand auf 2 mit Backpapier belegte Backbleche setzen. Mit den Händen gleichmäßig möglichst dünn und rund ausformen. Tacos 12–15 Minuten backen, bis die Ränder braun und der Teig fest wird. Tacos etwas abkühlen lassen, vorsichtig vom Backpapier abziehen und zu einer Tacoschale geformt in einem Kaffeebecher oder einem ähnlichen Gefäß abkühlen lassen.

Salat waschen und in 1–2 cm breite Streifen schneiden. Öl in einer Pfanne erhitzen. Das Steak in hauchdünne Streifen schneiden und unter häufigem Wenden 2–4 Minuten kräftig braten. Mit Salz und Pfeffer würzen.
Anrichten: Tacoschalen mit Salatstreifen, Tomatensalsa, Steakstreifen und geriebenem Käse füllen und zusammengeklappt genießen.

Für 4 Portionen
Pro Portion ca. 170 kcal/712 kJ, 5 g E, 11 g F, 12 g KH
leicht
Zubereitung: 40 Min.

Ratatouille Suppe

1 kleine Aubergine
Salz, Pfeffer
4 El Olivenöl
1 rote und 1 gelbe Paprika
2 kleine Zucchini
1 mittelgroße Zwiebel
4 Knoblauchzehen
500 g Brühe
1 Dose Tomaten im eigenen Saft à 400 g
2 gehäufter Tl getrocknete Kräuter der Provence
Blätter von 5 Zweigen Thymian

Gemüse waschen und putzen. Die Aubergine in 2 x 2 cm große Würfel schneiden, salzen und pfeffern und mit 2 Esslöffeln Öl **5 Minuten/120 °C/Linkslauf/Stufe 1** dünsten, anschließend in eine ausreichend große Schüssel umfüllen.

Paprika vierteln und **5 Sekunden/Stufe 4** zerkleinern, aus dem Mixtopf nehmen und zu den Auberginen geben. Mit den Zucchini ebenso verfahren.

Zwiebel vierteln und mit dem Knoblauch **2 Sekunden/Turbomodus** zerkleinern. Mit dem Spatel herunterschieben und mit 2 Esslöffeln Öl **5 Minuten/120 °C/Stufe 1.5** dünsten. Das restliche Gemüse, die Brühe, die Tomaten, Kräuter, Salz und Pfeffer hinzufügen und **25 Minuten/100 °C/Stufe 1** garen. Kräftig mit Pfeffer und Salz abschmecken und heiß servieren.

Auberginen

Paprika

Für 4 Portionen
Pro Portion ca. 99 kcal/413 kJ, 3 g E, 8 g F, 5 g KH
leicht
Zubereitung: 40 Min.

Cremige Blumenkohl-Curry-Suppe

20 rosa Pfefferbeeren
300 g Blumenkohl
500 g Gemüsebrühe
1 mittelgroße Zwiebel
2 Knoblauchzehen
2 El mildes Öl oder Butter
2 Msp. gemahlener Kreuzkümmel
3 Msp. gemahlener Kurkuma
2 Msp. gemahlener Koriander
2 Msp. gemahlener Kardamom
200 g Kokosmilch
1 El Essig
Salz, Pfeffer

Rosa Pfefferbeeren **10 Sekunden/Stufe 10** zerkleinern und anschließend aus dem Mixtopf nehmen. Blumenkohl putzen, waschen, in Röschen teilen und in den Gareinsatz setzen. 500 Gramm Brühe in den Mixtopf geben und den Kohl **25 Minuten/Varoma/Stufe 1** dämpfen. Kohl herausnehmen, Garflüssigkeit abgießen und aufbewahren.

Zwiebel und Knoblauch schälen. Die Zwiebel halbieren und **2 Sekunden/Turbomodus** zerkleinern. Mit dem Spatel herunterschieben und mit den Gewürzen und dem Öl **5 Minuten/120 °C/Stufe 1** dünsten. Knoblauchzehen hinzufügen und **1 Sekunde/Stufe 5** pürieren. Kohl, Dämpfflüssigkeit, Kokosmilch und Essig hinzufügen und **30 Sekunden/Stufe 4–8 schrittweise ansteigend** pürieren. Mit rosa Pfeffer garniert servieren.

Für 4–6 Portionen
Pro Portion ca. 240 kcal/1005 kJ, 9 g E, 14 g F, 20 g KH
leicht
Zubereitung: 40 Min.

Marokkanische Linsen-Möhrensuppe

- 2 Tl frische Petersilienblätter
- 1 Tl frische Oreganoblätter
- 500 g Möhren
- 1 l Brühe
- 1 große rote Zwiebel
- 1 Knoblauchzehe
- 1 Tl Baharat, alternativ je 2 Msp. Muskat, Kreuzkümmel, Zimt, Paprika, Koriander, Kardamom
- 2 El Olivenöl
- Salz, Pfeffer
- 100 g rote Linsen
- 80 g Frischkäse

Kräuter **5 Sekunden/Stufe 5** zerkleinern und aus dem Mixtopf nehmen.

Möhren waschen und putzen, jeweils in 5 Stücke teilen und **20 Sekunden/Stufe 6** zerkleinern. 500 Gramm Brühe hinzufügen und **20 Minuten/100 °C/Stufe 4** garen. Etwas abkühlen lassen. **50 Sekunden/Stufe 4–8 schrittweise ansteigend** pürieren. Möhrenpüree umfüllen, Mixtopf reinigen und trocknen.

Zwiebel und Knoblauch schälen, Zwiebel vierteln und beides **2 Sekunden/Turbomodus** zerkleinern. Mit dem Spatel herunterschieben und mit den Gewürzen, Öl, Salz und Pfeffer **5 Minuten/120 °C/Stufe 1 ohne eingesetzten Messbecher** dünsten. Die Linsen mit der restlichen Brühe in den Mixtopf geben und **15 Minuten/100 °C/Stufe 1** garen. Möhrenpüree hinzufügen und **5 Minuten/100 °C/Stufe 1** garen. Frischkäse **40 Sekunden/Stufe 4** unterrühren.

Suppe nach Wunsch mit etwas Brühe verlängern, erneut mit Pfeffer und Salz abschmecken und mit Petersilie und Oregano bestreut servieren.

Feta-Spinat-Pies
mit Filoteig

1 mittelgroße Zwiebel
2 Knoblauchzehen
3 El Öl
220 g gewaschener und geputzter junger Blattspinat
Salz, Pfeffer
50 g Butter
100 g Feta oder Balkankäse
100 g Hüttenkäse
1 Ei Gr. M
1 Packung Filo- oder Yufkateig á 250 g

Außerdem
frische Petersilie und falls zur Hand Oreganoblätter zum Betreuen
1 Tl rosa Pfefferbeeren zum Betreuen
12er Muffinblech

Spinat

Zwiebel schälen und vierteln, Knoblauch schälen. Beides **2 Sekunden/Turbomodus** zerkleinern und mit dem Spatel herunterschieben. Mit dem Öl **5 Minuten/120 °C/Stufe 1** dünsten. Backofen auf 190 °C vorheizen.

Spinat ebenfalls in den Mixtopf geben, salzen und pfeffern und **8 Minuten/100 °C/Linkslauf/Stufe 1 ohne eingesetzten Messbecher** dünsten. Gemüse in einem Sieb abtropfen lassen und etwas ausdrücken. Mixtopf reinigen und trocknen. Butter **1 Minute/95 °C/Stufe 2** schmelzen, anschließend in einer Schale beiseitestellen. Mixtopf reinigen und trocknen.

Feta würfeln. Hüttenkäse und Ei im Mixtopf **30 Sekunden/Stufe 3.5** mischen. 80 Gramm Feta hinzufügen und **18 Sekunden/Stufe 4** mischen. Füllung in eine Schale leeren und beiseitestellen.

6 nicht nebeneinander liegende Mulden eines 12er Muffinblechs gut mit der geschmolzenen Butter einpinseln. Den Teig in 12 15 x 15 cm große Teigstücke schneiden. Nicht verwendeter Teig sollte nicht austrocknen, sondern sofort luftdicht kühl gelagert oder eingefroren werden. 6 Teigstücke in die ausgefetteten Mulden drapieren, dabei den Hohlraum schön groß formen. Teigstücke dünn mit Butter einfetten und die restlichen 6 Teigstücke etwas versetzt auf die anderen setzen und ebenfalls dünn mit Butter bepinseln.

Die Käsemischung mit Salz und Pfeffer abschmecken und die Hälfte des Teiges in den Förmchen verteilen. Den Spinat darüber verteilen und obenauf die restliche Käsemischung so häufen, dass jeweils etwas Spinat sichtbar bleibt. Den restlichen Feta darüberlegen. Mini-Pies im Backofen etwa 15 Minuten goldbraun backen. Leicht abgekühlt vorsichtig aus dem Muffinblech nehmen. Mit rosa Pfefferbeeren, Petersilie- und Oreganoblättchen dekorieren.

Für 4 Portionen

Pro Portion ca. 343 kcal/1433 kJ, 19 g E, 24 g F, 12 g KH

mittel

Zubereitung: 30 Min. (plus ca. 15 Min. Gar- + ca. 40 Min. Backzeit)

Mediterrane Frittata

3 Schalotten
2 kleine oder 1 große rote Paprikaschoten
200 g grüner Spargel oder ½ kleiner Romanesco
2 Knoblauchzehen
10 schwarze Oliven
10 Kirschtomaten, möglichst rote und gelbe
125 g Milch
8 Eier Gr. M
1 gestrichener Tl geriebener Thymian
1 gestrichener Tl geriebener Estragon
1 gestrichener Tl geriebener Oregano
Salz, Pfeffer
2 El Olivenöl
Öl zum Einfetten

Für die Beilage
Salatblätter nach Wahl
200 g Kirschtomaten
Salz, Pfeffer
Essig, Öl

Paprika

Oliven

Gemüse waschen und putzen. 1 Schalotte in dünne Ringe und ein Drittel der Paprika in schöne Ringe oder Streifen schneiden und beiseitestellen. Vom Spargel das untere Drittel wegschneiden, den restlichen Spargel in 3–4 cm lange Stücke schneiden. Romanesco in Röschen teilen. Oliven in Ringe schneiden und die Tomaten halbieren.

Den Backofen auf 180 °C vorheizen.

Restliche Schalotten und den Knoblauch in den Mixtopf geben und **2 Sekunden/Turbomodus** zerkleinern. Restliche Paprika in Stücke schneiden und hinzufügen, alles **4 Sekunden/Stufe 4** zerkleinern und in eine Pfanne geben. Spargel oder Romanesco und Olivenöl hinzugeben und in 10–15 Minuten das Wasser aus dem Gemüse dünsten.

Milch, Eier und Kräuter mit einigen Prisen Salz und Pfeffer in den Mixtopf geben und **10 Sekunden/Stufe 4** verquirlen.

Das gedünstete Gemüse in eine gefettete Auflaufform (ca. 20 x 28 cm) geben, mit Eiermilch begießen und die beiseitegelegten Schalotten, Paprikastreifen, Oliven und Kirschomaten dekorativ in die Form legen. Herausstehendes Gemüse kurz in die Eiermilch tauchen, so trocknet es nicht aus.

Die Frittata 30–40 Minuten backen, bis sie in der Mitte gestockt ist und an der Oberfläche leicht gebräunt.

Frittata in Portionsstücke schneiden und mit Salatbeilage servieren. Dafür den Salat waschen, trocken schütteln, putzen und in mundgerechte Stücke zupfen. Zusammen mit den Kirschtomaten auf Tellern anrichten, würzen und mit einigen Tropfen Essig und Öl besprenkeln.
Die Frittata schmeckt warm und kalt.

Für 4 Stück

Pro Stück ca. 203 kcal/851 kJ, 15 g E, 9 g F, 14 g KH

mittel

Zubereitung: 45 Min. (plus 30 Min. Backzeit)

Mini-Pizza mit Brokkoli-Boden

Für den Belag
1 Schalotte
1 Knoblauchzehe
1 kleine Dose Pizzatomaten à 400 g
1 Tl getrockneter Oregano
Salz, Pfeffer
200 g Kirschtomaten
20 g Rucola
1 Schalotte oder kleine rote Zwiebel
25 g Parmesan
4 Scheiben Parmaschinken

Für den Pizza-Boden
250 g Brokkoli, Blumenkohl oder Romanesco
35 g Parmesan
50 g Vollkornmehl, Leinmehl oder Lupinenmehl
1 Tl gemahlene Flohsamenschalen
2 Eier Gr. L
1/4 Tl Salz

Brokkoli

Für den Belag Schalotte und Knoblauch schälen, **2 Sekunden/Turbomodus** zerkleinern, mithilfe des Spatels herunterschieben, Pizzatomaten, Oregano, Salz und Pfeffer hinzufügen und **10 Minuten/100 °C/Stufe 2 ohne eingesetzten Messbecher** garen. Tomatensauce umfüllen, beiseitestellen und den Mixtopf reinigen und trocknen.

Backofen auf 200 °C vorheizen.

Für den Pizza-Boden Brokkoli in kleine Stücke teilen und **10 Sekunden/Stufe 5** zu feinem Brokkoli-Couscous zerkleinern. Brokkoli herausnehmen, beiseitestellen und Mixtopf ausspülen und trocknen.

Parmesan **10 Sekunden/Stufe 5** zerkleinern. Anschließend alle anderen Zutaten für den Boden ebenfalls in den Mixtopf geben und **30 Sekunden/Stufe 3** verrühren. Ein Backblech mit Backpapier belegen, vier gleich große Häufchen Teig darauf verteilen und diese mit den Händen und einem Gummispatel zu 0,5–1 cm dicken Kreisen formen. Dann 10 Minuten auf der 2. Schiene von unten backen.

In der Zwischenzeit Kirschtomaten und Rucola waschen, Tomaten in Scheiben und die Schalotte oder Zwiebel schälen und in feine Ringe schneiden.

Nach dem Vorbacken die Pizza dünn mit Tomatensugo bestreichen (nicht alles aufbrauchen, übriges Sugo kann zur Pizza gereicht oder anderweitig verwendet werden), mit Tomatenscheiben und Schalotten- oder Zwiebelringen belegen und für weitere 15–20 Minuten backen. Die Tomaten sollten weich sein und der Pizza-Boden nur leicht Farbe angenommen haben. Die fertige Pizza mit je einer Scheibe Schinken, Rucola und Parmesan belegen.

Für 12 Stücke (1 Form à 22 cm ø)

Pro Stück ca. 151 kcal/632 kJ, 4 g E, 113 g F, 5 g KH

mittel

Zubereitung: 10 Min. (plus ca. 40 Min. Backzeit + 60 Min. Kühlzeit)

Pikanter Cheesecake mit Tomaten im Filoteig

- 60 g Butter oder Öl nach Wahl
- 1 Knoblauchzehe
- 200 g Doppelrahmfrischkäse
- 50 g Crème fraîche
- 2 Eier Gr. L
- 1 gehäuften El körniger Senf
- 1 Tl getrockneter Estragon
- Salz, Pfeffer
- 3 Blätter Filoteig 28 x 28 cm
- 500 g kleine schöne, bunte Tomaten, ggfs. auch Kirschtomaten (es werden etwas weniger benötigt)

Den Ofen vorheizen auf 180 °C.

Butter **2 Minuten/95 °C/Stufe 1** erhitzen, anschließend Mixtopf ausleeren und Butter beiseitestellen.

Knoblauch schälen, im Mixtopf **5 Sekunden/Stufe 5** zerkleinern und mithilfe des Spatels herunterschieben. Frischkäse, Crème fraîche, Eier, Senf, Estragon, Salz und Pfeffer dazugeben und **40 Sekunden/Stufe 4** mixen.

Die Form mit Butter ausstreichen. 1 Filoteigblatt dünn mit Butter bestreichen und dieses in die Form legen. Das Filoteigblatt darf gern etwas unregelmäßig gearbeitet werden, sollte aber die Form so gut wie möglich ausfüllen, damit genügend Platz für die Cheesecakemasse bleibt. Das 2. Filoteigblatt einpinseln und über Eck auf das erste legen. Mit dem 3. ebenso verfahren. Die Käsemasse in die Filoteighülle füllen. Die Masse sollte etwa 1,5–2 cm hoch eingefüllt werden.

Die Tomaten waschen, trocknen und dicht an dicht in die Käsemasse setzen. Die Tarte etwa 40 Minuten, oder so lange bis die Masse schön gestockt ist, backen. Leicht bräunen darf sie auch, der Filoteig sollte aber nicht zu dunkel geraten. Die fertige Tarte noch etwa 60 Minuten im Ofen abkühlen lassen.

Hauptgerichte

Fisch, Fleisch, Geflügel
und Vegetarisches – hier werden
Genuss und gute Ernährung
groß geschrieben

Für 4 Portionen

Pro Portion ca. 438 kcal/1830 kJ, 19 g E, 32 g F, 18 g KH

mittel

Zubereitung: 45 Min. (plus ca. 30 Min. Bratzeit)

Rote-Bete-Möhren-Puffer
mit Kräuterricotta

Für die Puffer
1 mittelgroße rote Zwiebel
2 Knoblauchzehen
700 g Rote Bete und Möhren, gemischt
3 Eier Gr. M
2 El Flohsamen
2 El Lupinenmehl
Salz, Pfeffer
Öl zum Braten

Für die Ricottacreme
½ Bund Schnittlauch
¼ Bund Petersilie
1 Tl getrockneter oder 3 Zweige frischer Oregano
1 Knoblauchzehe
400 g Ricotta
30 g Milch
Salz, Pfeffer
1 El Olivenöl

Zwiebel und Knoblauch schälen, Zwiebel vierteln und **6 Sekunden/Stufe 5** im Mixtopf zerkleinern und herausnehmen.

Rote Bete und Möhren waschen, putzen, schälen, achteln und **5 Sekunden/Stufe 5** zerkleinern. Sollten einige Gemüsestücke noch größer als mittelfein zerkleinert sein, den Prozess noch 3 Sekunden lang wiederholen. Gemüse aus dem Mixtopf herausnehmen.

Eier, Flohsamen und Mehl **20 Sekunden/Stufe 3.5** verrühren. Gemüse und Zwiebelmischung hinzufügen, salzen und pfeffern und **40 Sekunden/Stufe 4** vermischen. Mixtopfinhalt in eine Schüssel umfüllen und mit leicht feuchten Händen 12 Puffer daraus formen.

Puffer portionsweise in ausreichend Öl in einer Pfanne bei mittlerer Hitze von jeder Seite 5 Minuten goldbraun braten.

Für die Ricottacreme, Schnittlauch in kleine Röllchen schneiden, Petersilie und gegebenenfalls frischen Oregano von den Stielen zupfen. Knoblauch schälen. Schnittlauch, Oregano und Knoblauch **2 Sekunden/Turbomodus** zerkleinern. Wenn nötig, alles mit dem Spatel herunterschieben und den Schritt wiederholen.

Ricotta und Milch hinzufügen, salzen, pfeffern und **40 Sekunden/Stufe 3** verrühren, anschließend erneut abschmecken und Schnittlauch unterrühren. Etwas Schnittlauch zurückbehalten und nach dem Umfüllen der Creme in eine Schüssel, obenauf streuen. Warme Puffer mit der Ricottacreme servieren.

Tipp!

Zu den Puffern schmeckt auch die Guacamole (S. 76) und das Artischocken-Hummus (S. 77)

Für 4 Portionen (1 Form ca. 20 x 28 cm)
Pro Portion ca. 268 kcal/1124 kJ, 10 g E, 19 g F, 14 g KH
leicht
Zubereitung: 40 Min. (plus ca. 20 Min. Backzeit)

Shakshuka

5 g Petersilie
5 g frischer Koriander
2 rote Paprika
2 gelbe Paprika
2 mittelgroße Zwiebeln
2 Knoblauchzehen
1 Tl Kreuzkümmel
50 g Öl
1 Dose Tomaten à 400 g
2 Prisen Safran
1 Lorbeerblatt
Salz, Pfeffer
4 Eier Gr. M

Paprika

Spiegeleier

Kräuter waschen, trocken schütteln, **5 Sekunden/Stufe 7** zerkleinern, anschließend aus dem Mixtopf nehmen und beiseitestellen. Paprika waschen, putzen, achteln und **5 Sekunden/Stufe 5** zerkleinern, anschließend herausnehmen. Mixtopf reinigen und trocknen.

Zwiebeln und Knoblauch schälen, Zwiebeln vierteln, beides **2 Sekunden/Turbomodus** zerkleinern und herunterschieben. Mit Kreuzkümmel und dem Öl **5 Minuten/120 °C/Stufe 1 ohne eingesetzten Messbecher** dünsten. Paprika hinzufügen und erneut **5 Minuten/120 °C/Stufe 1 ohne eingesetzten Messbecher** dünsten. Tomaten, Safran, Lorbeerblatt hinzufügen, kräftig salzen und pfeffern und **30 Minuten/100 °C/Linkslauf/Stufe 1** garen.

Währenddessen den Backofen auf 180 °C vorheizen und eine Auflaufform fetten. Paprika-Tomaten-Mischung mit Salz und Pfeffer gut abschmecken und in die Auflaufform füllen.

Eine Kelle auf der Shakshuka platzieren, ein Ei vorsichtig hineinschlagen, die Kelle leicht in die Masse drücken und das Ei in die so entstandene Mulde gleiten lassen. Diesen Vorgang dreimal wiederholen. Shakshuka 13–20 Minuten backen, bis die Eier die gewünschte Festigkeit haben.

Für 4 Portionen

Pro Portion ca. 821 kcal/3435 kJ, 58 g E, 61 g F, 11 g KH

leicht

Zubereitung: 20 Min.

Brokkoli-Käsetaler
mit Hähnchen und Dip

Für die Käsetaler
220 g Brokkoliröschen
60 g Mozzarella
1 Handvoll Petersilienblätter
100 g Mandelmehl
15 g Leinmehl
10 g gemahlene Flohsamenschalen
2 Eier Gr. L
Salz, Pfeffer
Sonnenblumenöl

Für den Dip
10 Schnittlauchhalme
1 kleine Spitzpaprika
3 Frühlingszwiebeln
200 g Doppelrahm-Frischkäse
100 g Schmand
1 Tl Paprikagewürz
Salz, Pfeffer

Für das Geschnetzelte
4 Hühnchenbrustfilets
1 Knoblauchzehe
Salz, Pfeffer
Sonnenblumenöl

Brokkoli

Für die Käsetaler gewaschene und geputzte Brokkoliröschen im Mixtopf **5 Sekunden/Stufe 5** zu grobem Brokkoli-Couscous zerkleinern. Mozzarella mit einem Messer in kleine Stücke schneiden und mit allen anderen Zutaten zum Brokkoli-Couscous in den Mixtopf geben und **30 Sekunden/Stufe 3.5** vermengen.

12 kleine, 1 cm flache Taler formen und diese schwimmend in Sonnenblumenöl ausbacken. Anschließend auf doppellagigem Küchenpapier legen abtropfen lassen.

Für den Dip Schnittlauch und Frühlingszwiebeln in feine Röllchen schneiden. Paprika putzen und in grobe Stücke schneiden. Paprika **2 Sekunden/Turbomodus** zerkleinern. Alle Zutaten außer Frühlingszwiebeln und Schnittlauch hinzufügen und **20 Sekunden/Stufe 5** verrühren. Frühlingszwiebeln hinzufügen und **10 Sekunden/Linkslauf/Stufe 2** verrühren. Schnittlauchröllchen über den Dip streuen.

Für das Geschnetzelte Petersilie waschen, trocknen und **5 Sekunden/Stufe 8** zerkleinern und herausnehmen.

Knoblauch schälen und hacken. Das Fleisch waschen, trocken tupfen, in hauchdünne Streifen schneiden, pfeffern und salzen. In wenig Öl in einer Pfanne von beiden Seiten goldbraun braten, in der letzten Minute den Knoblauch hinzufügen. Das Geschnetzelte mit Brokkoli-Käsetalern und dem Frischkäse-Paprika-Dip anrichten.

Tipp!

Der Frischkäse-Paprika-Dip passt auch zu den Rote Bete-Möhren-Puffern und die Brokkoli-Käsetaler zum Kräuterricotta (S. 50).

Für 4 Portionen (1 Form 20 x 28 cm)

Pro Portion ca. 1046 kcal/4382 kJ, 50 g E, 89 g F, 13 g KH

mittel

Zubereitung: 25 Min. (plus ca. 50 Min. Backzeit)

Überbackene Spitzkohl-Hackröllchen

- 1 Spitzkohl
- Salz
- 20 g getrocknete Steinpilze
- 2 Mozzarellakugeln à 125 g
- 1 mittelgroße Zwiebel
- 2 Knoblauchzehen
- 2 El Maisöl oder Sonnenblumenöl
- 500 g gemischtes Hack
- 1 Ei Gr. M
- 1 El Dijonsenf
- Pfeffer
- 100 g gewürfelter Speck
- 400 g Sahne
- 120 g Käse, z.B. Cheddar, Gouda
- 5 g Guarkernmehl, 5 g Johannisbrotkernmehl oder 20 g Speisestärke
- Butter zum Einfetten

Pilze

Käse

Den Strunk des Spitzkohls kegelförmig herausschneiden. 5 große oder 10 kleine Spitzkohlblätter vorsichtig abtrennen, die dicken Blattadern herausschneiden und in einem großen Topf mit reichlich siedendem Salzwasser 10 Minuten blanchieren, herausnehmen und abtropfen lassen.

Die getrockneten Steinpilze **10 Sekunden/Stufe 10** zerkleinern und entfernen. Mozzarella mit einem Messer in kleine Würfel schneiden. Zwiebel und Knoblauch schälen, Zwiebel vierteln und beides **2 Sekunden/Turbomodus** zerkleinern und mithilfe des Spatels herunterschieben. Öl hinzufügen und **5 Minuten/Varoma/Stufe 1.5 ohne eingesetzten Messbecher** dünsten. Hack, Ei, Senf, Salz und Pfeffer hinzufügen und **10 Sekunden/Stufe 3** unterrühren. Mozzarella **10 Sekunden/Stufe 2** unterrühren.

Die Auflaufform einfetten und den Ofen auf 175 °C vorheizen. Auf jedes Kohlblatt (bei kleinen Blättern 2 nebeneinander legen) Hackwürste so lang wie die Breite der Auflaufform setzen. Die Blätter aufrollen, nebeneinander in die Form setzen und mit Speckwürfeln bestreuen. Pilze mit der Sahne verrühren und über die Kohlblätter gießen. 40 Minuten auf der 2. Schiene von unten garen.

In der Zwischenzeit den Käse in Stücke schneiden und **5 Sekunden/Stufe 5** zerkleinern. Das Bindemittel mit etwas Wasser verrühren. Nach Ende der Garzeit, die Sahne vorsichtig aus der Auflaufform in den Mixtopf gießen und das Wasser mit Bindemittel hinzufügen. Wird Guarkernmehl oder Johannisbrotkernmehl verwendet, nur **30 Sekunden/Stufe 3** verrühren, wird Stärke verwendet, **2 Minuten/100 °C/Stufe 2** garen. Backofengrillstufe wählen, den geriebenen Käse über die Kohlröllchen streuen und 3–7 Minuten goldbraun backen. Röllchen mit Sauce entweder solo oder mit etwas Quinoa servieren.

Für 4 Portionen
Pro Portion 406 kcal/1698 kJ, 11 g E, 25 g F, 35 g KH
mittel
Zubereitung: 55 Min.

Blumenkohl-Gnocchi
mit Rucola-Butter

Für die Blumenkohl-Gnocchi
- 500 g geputzte Blumenkohlröschen
- 130 g Reismehl
- 40 g Lupinenmehl
- 2 El gemahlene Flohsamen
- 1 Ei, 1 Eigelb Gr. L
- 3 Prisen Muskatnuss
- Salz, Pfeffer
- Parmesan, nach Belieben

Für die Rucola-Butter
- 80 g geputzter Rucola
- 1 Knoblauchzehe
- 100 g Butter
- Saft von ½ Zitrone
- 3 Tl Kapern
- Salz, Pfeffer

Blumenkohlröschen in den Gareinsatz legen. Dafür eventuell einige Röschen teilen, damit 500 Gramm hineinpassen. Alternativ Blumenkohlreis herstellen und diesen in den Gareinsatz legen. Hierfür die Röschen **6 Sekunden/Stufe 5** zerkleinern. 500 Gramm Wasser in den Mixtopf einfüllen und den Blumenkohl **25 Minuten/Varoma/Stufe 1** gar kochen. Gareinsatz entfernen, Wasser abgießen, Blumenkohl abkühlen und gut abtropfen lassen.

Anschließend **20–30 Sekunden/Stufe 7** pürieren, dabei gegebenenfalls unterbrechen, um den Blumenkohl mit dem Spatel nach unten zu schieben. Reismehl, Lupinenmehl, Flohsamenschalen, Ei, Salz und Muskatnuss zufügen und den Teig **20 Sekunden/Stufe 5** zu einem Kloß verrühren.

Teig auf eine bemehlte Arbeitsfläche geben und in 4 Teile teilen. Mehrere 2–3 cm dicke Rollen formen und mit einem scharfen Messer 1 cm dicke Scheiben schneiden. Diese flach hinlegen und quer mit der Gabel eindrücken. So entsteht ein typisches Gnocchimuster. In einem großen Topf reichlich Salzwasser sprudelnd aufkochen lassen und die Gnocchi 4–5 Minuten ziehen lassen. Mit einer Schaumkelle herausholen und abtropfen lassen.

Für die Rucola-Butter, Rucola und Knoblauch **5 Sekunden/Stufe 7** zerkleinern und anschließend entfernen. Butter mit dem Zitronensaft **2 Minuten/100 °C/Stufe 1** schmelzen. Rucola, Kapern und Knoblauch hinzugeben und **1 Minute/100 °C/Stufe 1.5** garen. Aus dem Mixtopf entfernen und abschmecken.

Gnocchi mit Rucola-Butter und geriebenem oder gehobeltem Parmesan servieren.

Für 4 Portionen

Pro Portion ca. 731 kcal/3061 kJ, 61 g E, 30 g F, 44 g KH

mittel

Zubereitung: 1 Std. 40 Min. (plus mind. 2 Std. Marinierzeit)

Rinderragout
mit Blumenkohlpüree und Bohnen

Für das Ragout

750 g fertig gewürfeltes Rindergulasch
350 g guter Rotwein
50 g Öl
1 El Tomatenmark
2 Romatomaten
2 Möhren
1 große Zwiebel
2 Knoblauchzehen
3 Stiele Staudensellerie
300 g Brühe
6 Wacholderbeeren
1 Tl getrockneter Thymian
1 Tl getrockneter Rosmarin
1 Lorbeerblatt
Salz, Pfeffer
10 g Speisestärke
1 Handvoll Petersilienblätter

Für die Beilage

1200 g Blumenkohl
750 g frische Dicke Bohnen oder 200 g küchenfertig gefrorene oder aus dem Glas
Salz, Pfeffer
2 El Olivenöl
1 kleine Knoblauchzehe

Dicke Bohnen

Fleischwürfel in Rotwein einlegen und für ein paar Stunden oder über Nacht kühl stellen. Vor der Zubereitung die Fleischwürfel abtropfen lassen und die Marinade auffangen. Fleisch trocken tupfen und mit 20 Gramm Öl in einer Pfanne in 1–2 Portionen von allen Seiten anbraten. Beim 2. Schub das Tomatenmark 1 Minute mit anrösten. Fleischwürfel herausnehmen, beiseitestellen und mit der Marinade den heißen Bratensatz lösen.

Gemüse waschen und putzen. Tomaten im Mixtopf **5 Sekunden/Stufe 5** zerkleinern und herausnehmen. Möhren **5 Sekunden/Stufe 5** zerkleinern und ebenfalls herausnehmen. Zwiebel und Knoblauch **2 Sekunden/Turbomodus** zerkleinern, mit dem Spatel herunterschieben und mit dem restlichen Öl **5 Minuten/120 °C/Varoma/Stufe 1** dünsten. Staudensellerie mit einem Messer in 3 Millimeter kleine Stücke schneiden. Sellerie und Möhren zu den Zwiebeln geben und erneut **5 Minuten/120 °C/Varoma/Stufe 1** dünsten.

Blumenkohl putzen, waschen und in sehr kleine Röschen teilen und in den Varoma-Aufsatz legen. Gegebenenfalls frische Dicke Bohnen aus den Schoten pulen und in den Einlegeboden legen. Fleischwürfel, Brühe, Marinade, Tomaten, Kräuter und Gewürze in den Mixtopf geben und pfeffern, aber erst am Ende des Garprozesses salzen. Den Varoma-Behälter und den Einlegeboden aufsetzen und **90 Minuten/100 °C/Linkslauf/Stufe 0.5** garen.

Nach 30 Minuten Kochvorgang unterbrechen, alle Varomateile entfernen, die Dicken Bohnen mit dem Einlegeboden beiseitestellen und dabei vielleicht noch Brühe nachgießen, damit die Fleischstücke ganz knapp bedeckt sind. Varoma-Behälter mit Blumenkohl und Deckel wieder aufsetzen und zu Ende garen. Die frischen Bohnenkerne aus den Häutchen schnipsen. Varoma-Behälter entfernen, Speisestärke über das Ragout sieben und **2 Minuten/100 °C/Linkslauf/Stufe 0.5** garen. In der Zwischenzeit die Petersilie waschen, trocken schütteln und hacken.

Ragout umfüllen und warm stellen und den Mixtopf reinigen. Blumenkohl mit Salz, Pfeffer und 1 Esslöffel Olivenöl in den Mixtopf geben und **30 Sekunden/Stufe 8** mixen, mit dem Spatel herunterschieben und erneut **20 Sekunden/Stufe 8** mixen.

Bohnen in etwas Öl mit einer kleinen, ungeschälten Knoblauchzehe in einer Pfanne 4 Minuten leicht bräunen und den Knoblauch entfernen. Das Ragout mit dem Blumenkohlpüree, Dicken Bohnen und mit Petersilie bestreut servieren.

Für 4 Portionen
Pro Portion ca. 375 kcal/1570 kJ, 38 g E, 11 g F, 31 g KH
leicht
Zubereitung: 40 Min.

Chicken Tikka Masala
mit Quinoa

⅓ Bund frischer Koriander
150 g Quinoa
1 mittelgroße Zwiebel
3 Knoblauchzehen
1 haselnussgroßes Stück Ingwer
½ mittelscharfe Chilischote
2 El Öl
1 El Currypulver
3 Tomaten
500 g Hähnchenbrustfilet
50 g Tomatenmark
250 g Joghurt
Salz, Pfeffer

Chili

Hühnchen

Koriander waschen, trocken schütteln und Blättchen von den Stielen zupfen und **5 Sekunden/Stufe 8** zerkleinern. Anschließend aus dem Mixtopf nehmen und diesen ausspülen.

Quinoa abwiegen und gründlich waschen. Mit 400 Gramm Wasser **5 Minuten/100 °C/Stufe 1** im Mixtopf garen. Anschließend **9 Minuten/ 90 °C/Stufe 1** quellen lassen. Quinoa entfernen, warm stellen und den Mixtopf reinigen und abtrocknen.

Zwiebel, Knoblauch und Ingwer schälen und mit Chili **10 Sekunden/ Stufe 8** zerkleinern, mit dem Spatel herunterschieben und mit 2 Esslöffeln Öl und dem Currypulver **5 Minuten/120 °C/Stufe 1 ohne eingesetzten Messbecher** dünsten.

Tomaten waschen, trocknen und grob würfeln. Hühnerbrust in 2 x 2 cm große Würfel schneiden. Tomatenmark, Tomatenwürfel, Joghurt und Hühnerfleisch in den Mixtopf geben, kräftig salzen und pfeffern und alles **30 Minuten/100 °C/Linkslauf/Stufe 1** garen.

Noch einmal mit Salz, Pfeffer und Curry abschmecken, mit Quinoa und mit Koriander bestreut servieren.

Für 4 Portionen

Pro Portion ca. 403 kcal/1687 kJ, 32 g E, 23 g F, 17 g KH

mittel

Zubereitung: 1 Std. 20 Min. (plus 10 Min. Bratzeit)

Kreolisches Jambalaya
mit Quinoa, Huhn und Garnelen

- 10 cm getrocknete Chorizo
- 12 Garnelen
- 300 g Hähnchenbrustfilet
- Olivenöl zum Braten
- 1 grüne Paprika
- 1 große Zwiebel
- 2 Knoblauchzehen
- 150 g Staudensellerie
- 60 g Quinoa
- 2 Msp. Kreuzkümmel
- 1 Tl Paprika
- 1 Tl getrockneter Oregano
- ½ Tl getrockneter Thymian
- 2 Msp. Cayennepfeffer
- Salz, Pfeffer
- 400 g Tomaten aus der Dose
- 400 g Gemüse- oder Hühnerbrühe
- 2 Lorbeerblätter
- 2 Frühlingszwiebeln, nach Belieben

Chorizo längs halbieren und in 0,5 cm dicke Scheiben schneiden. In einer Pfanne ohne Fett kross und mittelbraun braten. Chorizo aus der Pfanne nehmen und die Garnelen in dem ausgebratenen Fett der Chorizo 3 Minuten braten. Garnelen herausnehmen und beiseitestellen.

Hähnchenbrust waschen, trocken tupfen und in Stücke schneiden. Mit etwas zusätzlichem Olivenöl in derselben Pfanne wie die Garnelen 5–7 Minuten goldbraun braten. Hähnchenfleisch aus der Pfanne nehmen und beiseitestellen.

Gemüse waschen und putzen. Paprika, Knoblauch und Zwiebel vierteln, Staudensellerie in 4 cm lange Stücke schneiden. Quinoa gründlich unter fließendem Wasser waschen.

Paprika in den Mixtopf geben und **5 Sekunden/Stufe 4** zerkleinern. Paprika herausnehmen. Staudensellerie in den Mixtopf geben, **5 Sekunden/Stufe 5** zerkleinern und anschließend entfernen. Zwiebel und Knoblauch **2 Sekunden/Turbomodus** zerkleinern, mit dem Spatel herunterschieben und mit 2 Esslöffeln Öl **5 Minuten/120 °C/Stufe 1 ohne eingesetzten Messbecher** dünsten.

Gemüse ohne Frühlingszwiebeln, Gewürze, Kräuter, Tomaten, Brühe und Quinoa hinzufügen und **15 Minuten/100 °C/Linkslauf/Stufe 1** garen. Anschließend weitere **10 Minuten/95 °C/Linkslauf/Stufe 1** garen. Huhn, Chorizo und Garnelen hinzufügen und weitere **10 Minuten/95 °C/Linkslauf/Stufe 1** garen. Das Jambalaya kräftig mit Salz, Pfeffer und nach Wunsch mit etwas Chili abschmecken und mit in Ringen geschnittenen Frühlingszwiebeln servieren.

Für 4 Portionen

Pro Portion ca. 602 kcal/2518 kJ, 43 g E, 32 g F, 36 g KH

leicht

Zubereitung: 45 Min.

Gedämpfter Lachs
mit Avocadosauce und Quinoa

150 g Quinoa
1 Knoblauchzehe
2 El Korianderblätter
1 große, reife Avocado
1 El Limettensaft
Salz, Pfeffer
180 g Vollmilch
450 g Babymöhren, ersatzweise große
4 Lachsfilets auf der Haut à 150–200 g
½ Zitrone

Lachs

Avocados

Quinoa abwiegen und gründlich waschen. Mit 400 Gramm Wasser **5 Minuten/100 °C/Stufe 1** garen. Anschließend **9 Minuten/90 °C/Stufe 1** quellen lassen. Quinoa entfernen, warm stellen und den Mixtopf reinigen und abtrocknen.

Knoblauch schälen und mit den Korianderblättern **5 Sekunden/Stufe 6** zerkleinern. Avocado und Limettensaft, Salz, Pfeffer und 60 Gramm Milch hinzufügen und **20 Sekunden/Stufe 4** mixen. Mithilfe des Spatels herunterschieben, die restliche Milch hinzufügen und **30 Sekunden/Stufe 4** mixen. Avocadosauce mit Salz und Pfeffer abschmecken und in eine Schüssel umfüllen.

Möhren waschen, putzen, große Möhren zusätzlich in Scheiben oder 1 cm dicke Stifte schneiden, Babymöhren ganz lassen und dickere Exemplare längs halbieren. Lachs auf ein Stück Backpapier legen, pfeffern, salzen und mit Zitronensaft besprenkeln.

500 Gramm Wasser in den Mixtopf füllen, Varoma aufsetzen, Einlegeboden aufsetzen und die Möhren in den Einlegeboden legen. Salzen und pfeffern und **12 Minuten/Varoma/Stufe 1** garen. Einlegeboden herausnehmen. Vorsicht, der Wasserdampf ist heiß! Den Lachs mit dem Backpapier in den Varoma geben, Einlegeboden mit den Möhren wieder aufsetzen und **15 Minuten/Varoma/Stufe 1** garen.

Lachs mit Quinoa und Möhren anrichten und die kalte Avocadosauce dazureichen.

Für 4 Portionen

Pro Portion ca. 319 kcal/1331 kJ, 39 g E, 8 g F, 22 g KH

mittel

Zubereitung: 50 Min.

Teriyaki-Fisch
mit Blumenkohl-Couscous

Für die Teriyaki-Sauce

3 Knoblauchzehen
5 g Ingwer
70 g Sojasauce
50 g Reissirup
1 ½ El Essig
1 Tl Sesamöl oder Tahin (Sesampaste)
1 Tl Speisestärke

Für Fisch und Gemüse

500 g Blumenkohl
600–800 g Kabeljau-, Rotbarsch- oder Lachsfilets
300 g Möhren
200 g Brokkoli
Salz, Pfeffer
1 El Sesam
1 El Öl

Für die Sauce Knoblauch und Ingwer schälen und **10 Sekunden/Stufe 8** zerkleinern und mithilfe des Spatels herunterschieben. Alle Zutaten bis auf die Stärke mit 3 Esslöffel Wasser in den Mixtopf geben. Stärke mit 2 Esslöffeln Wasser glatt rühren. Stärkemischung zu den anderen Zutaten geben und **8 Minuten/100 °C/Stufe 1** garen. Sauce umfüllen und den Mixtopf reinigen.

Blumenkohl putzen, waschen und in kleine Röschen teilen. Blumenkohl **5 Sekunden/Stufe 5** zu Blumenkohl-Couscous zerkleinern. Sind die Stückchen noch etwas zu groß, weitere **1–2 Sekunden/Stufe 5** zerkleinern. Kohl umfüllen und beiseitestellen. Den Mixtopf ausspülen.

500 Gramm Wasser in den Mixtopf füllen. Fischfilets auf allen Seiten mit der Teriyaki-Sauce einpinseln und auf den mit Backpapier ausgelegten Varoma-Einlegeboden legen. Möhren und Brokkoli waschen, putzen und die Möhren schälen. Den Brokkoli in Röschen aufteilen. Möhren und Brokkoliröschen salzen, pfeffern und in den Varoma-Behälter legen, Einlegeboden mit dem Fisch und den Deckel aufsetzen und **20 Minuten/Varoma/Stufe 2** dampfgaren. Einlegeboden mit Fisch herausnehmen und warm stellen. Varoma-Behälter abnehmen und den Gareinsatz in den Mixtopf einsetzen. Couscous hineinfüllen, Varoma-Behälter mit Gemüse wieder aufsetzen und weitere **8 Minuten/Varoma/Stufe 2** garen.

Sesam ohne Fett einige Minuten in einer Pfanne ohne Farbe anrösten.

Cousous mit Pfeffer und Salz würzen und einen Esslöffel Öl unterrühren. Fisch mit Gemüse und Blumenkohl-Couscous anrichten, Sesam darüberstreuen und etwas Sauce über den Fisch geben. Die restliche Sauce separat reichen.

Saucen, Aufstriche & Dips

Beliebte Klassiker und neue Ideen in leckeren Low-Carb-Varianten

Für 1 Glas à ca. 300 ml

Pro Glas ca. 695 kcal/2913 kJ, 34 g E, 57 g F, 11 g KH

leicht

Zubereitung: 5 Min.

Caesar's Dressing
mit griechischem Joghurt

1 Knoblauchzehe
80 g Parmesan
200 g Griechischer Joghurt
3 El Milch
1 El Olivenöl
2 Tl Sardellenpaste
2 Tl Worchestershire Sauce
1 Tl Dijonsenf
¼ Tl Salz
2 Msp. Pfeffer
2 El Zitronensaft

Knoblauch schälen und **8 Sekunden/Stufe 10** zerkleinern. Parmesan hinzugeben und **30 Sekunden/Stufe 3** zerkleinern. Beides aus dem Mixtopf herausnehmen.

Alle restlichen Zutaten **30 Sekunden/Stufe 3** vermischen. Parmesan mit Knoblauch hinzufügen und **20 Sekunden/Stufe 2** verrühren. Mit Salz, Pfeffer und Zitronensaft abschmecken.

Dieses Dressing passt zu allen möglichen Blattsalaten und es ergibt mit Römersalatherzen, Hähnchenbrustfilet und Parmesanspäne einen Caesar's Salad.

Zitronen

Tipp!

Wer diesen Ketchup in feinerer Konsistenz mag, kann ihn noch **40 Sekunden/Stufe 7** pürieren.

Der Ketchup passt hervorragend zu den Möhrentacos auf Seite 35.

Für 1 Glas à ca. 750 ml
Pro Glas ca. 567 kcal/2383 kJ, 7 g E, 51 g F, 20 g KH
mittel
Zubereitung: 30 Min. (plus ca. 40 Min. Backzeit)

Ketchup
aus ofengerösteten Tomaten

600 g Fleisch-, Flaschen- oder Kirschtomaten
50 g Olivenöl
3 Zweige frischer Oregano oder 1 Tl getrockneter
4 Zweige frischer Thymian oder 1 Tl getrockneter
1 mittelgroße rote Zwiebel
3 Knoblauchzehen
Salz, Pfeffer
1 El Xilit oder alternative Süße
40 g weißer Balsamicoessig

Den Ofen auf 190 °C vorheizen. Die Tomaten, waschen, trocknen, halbieren und mit der Schnittfläche nach oben in eine Auflaufform legen. Mit der Hälfte des Öls besprenkeln und 30–40 Minuten backen, bis die Schnittflächen gebräunt sind und die Ränder dunkel werden.

Blätter der Kräuter von den Stielen zupfen, in den Mixtopf geben und **2 Sekunden/Turbomodus** zerkleinern. Kräuter herausnehmen.

Zwiebel schälen und halbiert in den Mixtopf geben. **2 Sekunden/Turbomodus** zerkleinern, mit dem Spatel nach unten schieben. Das restliche Öl hinzufügen und **5 Minuten/120 °C/Stufe 1** garen. Knoblauch schälen, hinzufügen und **10 Sekunden/Stufe 5** zerkleinern. Tomaten, Kräuter, etwas Salz und Pfeffer, Xilit und Essig hinzufügen und **20 Minuten/100 °C/Stufe 1.5 ohne eingesetzten Messbecher** köcheln. Anschließend noch einmal mit Pfeffer, Salz und eventuell etwas Essig pikant abschmecken und in saubere, sterile Gläser oder Flaschen füllen.

Für 4–8 Portionen
Pro Portion ca. 134 kcal/564 kJ, 2 g E, 12 g F, 5 g KH
leicht
Zubereitung: 15 Min.

Guacamole
mit Limette und Koriander

- 1 kleine Zwiebel oder Schalotte
- 1 Knoblauchzehe
- 5 g Korianderblätter
- 2 Avocados
- 3 El Crème fraîche
- Saft ½ Limette
- Salz, Pfeffer
- 1 Fleischtomate

Avocados

Zwiebel und Knoblauch schälen und Zwiebel halbieren. Koriander, Zwiebel und Knoblauch **2 Sekunden/Turbomodus** im Mixtopf zerkleinern und mit dem Spatel herunterschieben. Avocado halbieren, den Kern entfernen und das Fruchtfleisch aus der Schale in den Mixtopf löffeln. Crème fraîche und Limettensaft, etwas Salz und Pfeffer hinzufügen und **40 Sekunden/ Stufe 4** mixen.

Die Fleischtomate waschen und mit einem Messer in feine Würfel schneiden und mit der Avocadocreme in einer Schüssel mischen. Pikant mit Pfeffer und Salz abschmecken.

Tipp: Die Guacamole passt hervorragend zu den Möhrentacos auf Seite 35.

Für 1 Glas à ca. 400 ml
Pro Glas ca. 621 kcal/2595 kJ, 19 g E, 48 g F, 28 g KH
leicht
Zubereitung: 30 Min.

Artischocken-Hummus

220 g Blumenkohlröschen
2 Knoblauchzehen
110 g abgetropfte und ausgedrückte Artischocken aus dem Glas
50 g Salatcreme oder Mayonnaise nach Wahl
60 g Tahin (Sesampaste)
15 g Zitronensaft
1 Tl Olivenöl
1 Tl Zucker
Salz, Pfeffer

500 Gramm Wasser in den Mixtopf geben, den Gareinsatz einhängen und den Blumenkohl hineinlegen. **25 Minuten/100 °C/Stufe 1** garen. Gareinsatz entnehmen und Wasser abgießen. Alle Zutaten in den Mixtopf geben und **30 Sekunden/Stufe 4** pürieren. Mithilfe des Spatels herunterschieben und **20 Sekunden/Stufe 8** mixen.

Hummus mit Salz und Pfeffer abschmecken und als Dip oder Aufstrich genießen.

Tipp: Passt gut zum Nuss-Saaten-Brot (S. 25)

Artischocken

Für 1 Glas à ca. 500 g

Pro Glas ca. 1544 kcal/6458 kJ, 37 g E, 131 g F, 54 g KH

leicht

Zubereitung: 15 Min. (plus 30 Min. Grillzeit und 10 Min. Zeit zum Abkühlen)

Muhammara

4 rote Paprikaschoten
100 g Walnusskerne
50 g blanchierte Mandeln oder geriebene Mandeln
1 Knoblauchzehe
5 El Granatapfelsaft oder 1 El Granatapfelsirup
2 El Zitronensaft
1 ½ Tl Kreuzkümmel
1 Tl Koriander
1 Msp. Zimt
3 El Olivenöl
Salz, Pfeffer
½ Tl Cayennepfeffer

Paprika

Den Backofen auf 220 °C vorheizen und ein Backblech mit Backpapier belegen. Paprika waschen, putzen und halbiert mit der Hautseite nach oben auf dem Blech verteilen. Grillfunktion des Backofens zuschalten und die Paprika so lange rösten, bis die Haut dunkel wird und Blasen wirft. Das dauert ca. 20 Minuten. Aus dem Ofen nehmen und die Paprika mit einem feuchten Geschirrtuch oder Alufolie abdecken. Nach etwa 10 Minuten kann die Haut abgezogen werden.

In der Zwischenzeit die Walnüsse ohne Fett für 3–7 Minuten in einer Pfanne rösten, anschließend umfüllen und beiseitestellen.

Wenn Sie die Mandeln selbst mahlen wollen, geben Sie diese in den Mixtopf und **10 Sekunden/Stufe 10** zerkleinern. Anschließend herausnehmen und den Mixtopf reinigen.

Knoblauch schälen, im Mixtopf **2 Sekunden/Turbomodus** zerkleinern und mithilfe des Spatels herunterschieben. Die Walnüsse hinzugeben und **5 Sekunden/Stufe 5** mittelfein zerkleinern. Falls Granatapfelsaft verwendet wird, diesen **10–12 Minuten/100 °C/Stufe 1.5 ohne eingesetzten Messbecher** einkochen lassen. Gehäutete Paprika, Zitronensaft, Gewürze und Mandeln hinzufügen und **20 Sekunden/Stufe 4** vermischen. Bei **30 Sekunden/Stufe 3.5** das Öl durch die Deckelöffnung in dünnem Strahl hinzugießen. Mit Salz, Pfeffer, Cayennepfeffer und Zitronensaft abschmecken.

Für 1 Glas à ca. 270 ml
Pro Glas ca. 588 kcal/2457 kJ, 28 g E, 32 g F, 24 g KH
leicht
Zubereitung: 5 Min. (plus 2–3 Tage Ziehzeit)

Selbstgemachter Senf
mit kreolischen Gewürzen

Für die kreolische Gewürzmischung
1 Msp. Knoblauchpulver
2 Msp. Kreuzkümmel
1 Tl Paprika
1 Tl getrockneter Oregano
½ Tl getrockneter Thymian
2 Msp. Cayennepfeffer
Salz, Pfeffer

Für den Senf
90 g gelbe Senfkörner
20 g braune Senfkörner
80 g weißen Balsamico oder Apfelessig
1 Tl Salz
1 gehäufter Tl kreolische Gewürzmischung s. o.
2 Tl Reissirup

Für die Gewürzmischung alle Zutaten in einer Schüssel vermischen.

Etwa die Hälfte der gelben Senfkörner **20 Sekunden/Stufe 9** zerkleinern. Alle anderen Zutaten und 160 Gramm kaltes, abgekochtes Wasser einwiegen und diese Mischung **10 Sekunden/Stufe 3** vermengen. Senf in eine Schüssel füllen und locker abgedeckt für 2–3 Tage kühl stellen.

Anschließend je nach gewünschter Feinheit und Cremigkeit entweder so verbrauchen oder noch für **10–20 Sekunden/Stufe 8** cremig rühren, gern noch länger, falls gewünscht.

Kühl und verschlossen aufbewahren und innerhalb 2 Monaten aufbrauchen.

Für 1 Glas à ca. 340 ml
Pro Glas ca. 466 kcal/1947 kJ, 14 g E, 35 g F, 23 g KH
leicht
Zubereitung: 1 Std.

Rote-Bete-Aufstrich

1 große Rote-Bete-Knolle
1 Schalotte
2 El Öl
100 g Ricotta
Salz, Pfeffer
1 Tl Meerrettich, aus dem Glas oder frisch gerieben
1 Tl geriebene Flohsamenschalen

Rote Bete waschen, putzen und in Würfel schneiden. Mit 100 Gramm Wasser in den Mixtopf geben und **45 Minuten/100 °C/Stufe 1** garen. Eventuell vorhandene Flüssigkeit abgießen. Schalotte schälen und **2 Sekunden/Turbomodus** zerkleinern, mit dem Spatel herunterschieben und mit 1 Esslöffel Öl **3 Minuten/100 °C/Stufe 2** dünsten. Mixtopf vollständig abkühlen lassen.

Ricotta, restliches Öl, Salz und Pfeffer hinzufügen und **40 Sekunden/Stufe 6** mixen. Rote Bete-Masse mithilfe des Spatels herunterschieben, Meerrettich und Flohsamenschalen hinzufügen und **20 Sekunden/Stufe 8** pürieren. Nach Wunsch mit Meerrettich, Pfeffer und Salz nachwürzen. In ein sauberes, steriles Schraubglas umfüllen. Den Aufstrich kann man im Kühlschrank bis zu 1 Woche aufbewahren.

Tipp: Dieser Aufstrich passt besonders gut zu dem Nuss-Saaten-Brot (S. 25) oder als Dip zu frischem Gemüse.

Für 1 Glas à ca. 340 ml
Pro Glas ca. 826 kcal/3457 kJ, 60 g E, 45 g F, 46 g KH
leicht
Zubereitung: 10 Min.

Vegane Leberwurst
aus Räuchertofu und Bohnen

- 1 El abgezupfte Petersilienblätter
- 1 rote Zwiebel
- 3 El Öl
- 1 Dose Kidney Bohnen (240 g Abtropfgewicht)
- 200 g Räuchertofu
- 2 Tl getrockneter Majoran
- 1 gestricherner Tl geräuchertes Paprikapulver, alternativ 2 Prisen Rauchsalz
- 1 Msp. gemahlenes Piment
- Salz, Pfeffer

Petersilie **2 Sekunden/Turbomodus** zerkleinern, mit dem Spatel herunterschieben. Die Zwiebel schälen, halbieren und hinzugeben und erneut **2 Sekunden/Turbomodus** zerkleinern. Zwiebel mit dem Spatel herunterschieben, 1 Esslöffel Öl hinzufügen und **4 Minuten/120 °C/Stufe 1** dünsten.

Bohnen gut abtropfen lassen und den Tofu in Würfel schneiden.

Alle restlichen Zutaten mit 2 Esslöffeln Öl in den Mixtopf geben und **40 Sekunden/Stufe 4** zerkleinern. Die Masse mithilfe des Spatels herunterschieben und **30 Sekunden/Stufe 8** zerkleinern, bis eine streichfähige Masse entsteht. Sollten währenddessen die Messer ins Leere laufen, das Gerät abschalten, die Masse mit dem Spatel herunterschieben und weiter mixen.

Die vegane Leberwurst kräftig mit Salz und Pfeffer abschmecken und in ein sauberes, steriles Schraubglas umfüllen.

Im Kühlschrank gelagert, hält die vegane Leberwurst mindestens 1 Woche.

Gesunder Nussnougat-Aufstrich

- 200 g Haselnüsse
- 70 g Zartbitterschokolade ab 70 %
- 2 El Kakao
- 3 Msp. gemahlene Vanille
- 2 El Sonnenblumenöl oder Kokosöl
- 50 g Reissirup

Nüsse für etwa 15 Minuten im vorgeheizten Backofen bei 160 °C rösten, etwas abkühlen lassen und anschließend die Häute der Nüsse mit einem Küchenhandtuch gründlich abreiben. Die Nüsse in den Mixtopf geben und **15 Sekunden/Stufe 10** zerkleinern. Anschließend **3–4 Minuten/Stufe 4** rühren bis das Öl austritt und die Nüsse eine cremige Konsistenz haben. Nussmus entfernen und den Mixtopf reinigen.

Schokolade in grobe Stücke brechen und **2 Minuten/50 °C/Stufe 1** schmelzen. Alle Zutaten in den Mixtopf geben und **30 Sekunden/Stufe 4** verrühren. Wem die Konsistenz zu fest ist, gibt noch etwas Öl hinzu und rührt erneut **30 Sekunden/Stufe 4**.

Gut verschlossen und nicht zu warm gelagert, hält sich der Nussnougat-Aufstrich wochenlang.

Für 4–6 Portionen
Pro Portion ca. 45 kcal/190 kJ, 0 g E, 0 g F, 6 g KH
leicht
Zubereitung: 15 Min.

Gewürztes Cranberry-Orangenkompott

300 g Cranberries, frisch oder gefroren
90 g Xylit oder alternative Süße
Saft und Zesten von 1 unbehandelten Orange
2 Sternanis
Salz
3 El Orangenlikör, nach Belieben

Cranberries, Xylit, 100 Gramm Wasser, Orangensaft und Sternanis **10 Minuten/100 °C/Linkslauf/Stufe 1** köcheln. Orangenzesten und eventuell Orangenlikör hinzufügen und **20 Sekunden/Stufe 3** rühren. Mit etwas Salz abschmecken und den Sternanis entfernen. Sollte das Kompott jetzt schon sehr dickflüssig sein, noch etwas abgekochtes Wasser hinzufügen.

Tipp!

Das Kompott passt sehr gut zu Käse, Geflügel, Wild oder selbstgemachten Burgern.

Tipp!

Wer keine Himbeerkerne in dem Aufstrich möchte, kann das Püree beim Umfüllen durch ein Sieb streichen und so die Kerne entfernen.

Dazu schmecken die Frühstücksbrötchen (S. 22) und das Nuss-Saaten-Brot (S. 25)

Für 1 Glas à ca. 400 ml

Pro Glas ca. 305 kcal/1273 kJ, 7 g E, 3 g F, 58 g KH

leicht

Zubereitung: ca. 15 Min. (plus mind. 6 Std. Quellzeit)

Pfirsich-Melba-Marmelade mit Chia

Für die Himbeerschicht
200 g Himbeeren
2 El Chiasamen
1 El Honig oder Reissüße

Für die Pfirsichschicht
3 mittelgroße Pfirsiche
2 El Chiasamen
1 El Honig oder Reissüße

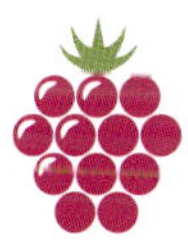
Himbeeren

Himbeeren verlesen, dann im Mixtopf **5 Minuten/100 °C/Stufe 1** garen und anschließend **30 Sekunden/Stufe 5** pürieren.

Früchte in eine Schüssel geben und etwas abkühlen lassen. Chiasamen und Süße einrühren und mehrere Stunden oder über Nacht quellen lassen.

Für die Pfirsichschicht können die Pfirsiche gehäutet oder mit Haut verarbeitet werden. Am Geschmack ändert sich nichts, ohne Haut wird das Püree gelb, mit Haut eher rötlich. Zum Häuten die Pfirsiche für 40 Sekunden in kochendes Wasser tauchen, anschließend die Haut abziehen.

Pfirsiche entsteinen, in Stücke schneiden und **7 Minuten/100 °C/Stufe 1** garen und anschließend **30 Sekunden/Stufe 5** pürieren. Chiasamen und Süße einrühren und mehrere Stunden oder über Nacht quellen lassen.

Nachdem die Fruchtmassen gequollen sind, können sie abwechselnd in ein Glas geschichtet werden oder einzeln verzehrt werden.

Desserts & Gebäck

Naschen ist hier definitiv erlaubt!

Für 2 Portionen
Pro Portion ca. 271 kcal/1136 kJ, 7 g E, 19 g F, 18 g KH
leicht
Zubereitung: 10 Min.

Schoko-Avocado-Creme

1 reife Avocado
180 g Milch
2 El Kakao
2 El Reissirup
1 gestrichener El gemahlene Flohsamenschalen
frische Beeren und 1 El Kokosraspel, nach Belieben

Avocado schälen, den Kern entfernen und mit der Hälfte der Milch **30 Sekunden/Stufe 7** pürieren. Mit dem Spatel herunterschieben, restliche Milch, Kakao, Reissirup und Flohsamenschalen hinzufügen und erneut **30 Sekunden/Stufe 7** pürieren.

Mit frischen Beeren und Kokosraspel servieren.

Avocados

Erdbeeren und Schokolade

Für 4 Portionen
Pro Portion ca. 322 kcal/1347 kJ, 8 g E, 20 g F, 28 g KH
leicht
Zubereitung: 10 Min. (plus 1–2 Std. Gefrierzeit)

Erdnuss-Bananen-Eis
mit Frischkäse

60 g dunkle Schokolade
2 Bananen, in Scheiben geschnitten und gefroren
100 g Frischkäse
2 großzügige El Erdnussbutter, wahlweise mit Stückchen und ungesüßt

Schokolade in Stücke hacken oder brechen und **3 Minuten/50 °C/Stufe 2** schmelzen. Schokolade umfüllen und den Mixtopf reinigen.

Gefrorene Bananenscheiben, Frischkäse und Erdnussbutter in den Mixtopf geben und **40 Sekunden/Stufe 7** mixen. Die Hälfte der Eismasse in eine geeignete Form füllen und in dünnem Strahl mit der Hälfte der Schokolade begießen, anschließend mit der restlichen Masse ebenso verfahren. Das Eis mindestens 1-2 Stunden gefrieren lassen, dabei ab und zu mit einer Gabel durchrühren damit sich keine Eiskristalle bilden.

Bananen

Schokolade

Für 4 Portionen (1 Form à ca. 20 x 20 cm)
Pro Portion ca. 333 kcal/1392 kJ, 10 g E, 21 g F, 27 g KH
leicht
Zubereitung: 15 Min. (plus 30 Min. Backzeit)

Apfel-Birnen-Crumble
mit Ricotta und Blaubeersauce

Für die Ricottacreme
150 g Ricotta
1 Ei Gr. M
Zesten von 1 Zitrone
1 El Xilit oder alternative Süße
2 Msp. gemahlene Vanille

Für die Streusel
40 g Butter
55 g Mandelmehl
1 El Xilit oder alternative Süße

Für das Obst
2 mittelgroße Birnen
1 großer säuerlicher Apfel
Saft von ½ Zitrone
2 Msp. gemahlener Zimt
1 Msp. gemahlener Kardamom
1 El Reissirup
Butter zum Einfetten

Für die Blaubeersauce
200 g Blaubeeren
1 El Reissirup
½ Tl gemahlene Flohsamenschalen

Backofen auf 190 °C vorheizen.

Alle Zutaten für die Ricottacreme in den Mixtopf geben und **40 Sekunden/ Stufe 4** verrühren. Die Creme umfüllen, beiseitestellen und den Mixtopf auswaschen und abtrocknen.

Butter für die Streusel **1 Minute/95 °C/Stufe 1** im Mixtopf schmelzen, Mandelmehl und Xilit hinzufügen und **30 Sekunden/Stufe 4** mischen. Anschließend die Streuselmasse in eine Schüssel geben und den Mixtopf reinigen und trocknen.

Apfel und Birnen waschen, putzen, in Spalten schneiden, diese anschließend halbieren und Obststücke in einer Schüssel in Zitronensaft wälzen. Die Form einfetten, das Kernobst hineinlegen und mit einem Esslöffel kleine Ricottacremeflecken unregelmäßig darüberträufeln und alles mit Zimt und Kardamom bestreuen. Die Streuselmasse mit Zeigefinger und Daumen etwas stückig kneten und obenauf verteilen. 30 Minuten backen, bis das Obst weich und die Streusel goldbraun sind.

In der Zwischenzeit die Blaubeersauce kochen. Dafür die Blaubeeren waschen und in den Mixtopf geben. Mit 50 Gramm Wasser **5 Minuten/ 100 °C/Linkslauf/Stufe 1.5** garen. In eine Schüssel geben und etwas abkühlen lassen. Reissirup und Flohsamenschalen einrühren.

Den warmen Crumble portionsweise mit der Blaubeersauce servieren.

Für 8–10 Stück (Tartelettes à 10 cm ø)
Pro Stück ca. 388 kcal/1627 kJ, 10 g E, 30 g F, 20 g KH
mittel
Zubereitung: 40 Min. (plus mind. 2 Std. Ruhezeit)

Schokocreme-Tartelettes
mit Beeren ohne Backen

Für die Ganache
100 g Zartbitterschokolade
100 g Sahne

Für den Boden
50 g ganze Mandeln
100 g Nusskerne nach Wahl
60 g Datteln ohne Kern
20 g Reissirup
30 g getrocknete Aprikosen
35 g getrocknete Cranberries
100 g Kokos- oder Mandelmehl
60 g geschrotete Goldleinsaat
75 g Mandelmus
1 Tl gemahlener Zimt
2 Prisen Salz

Außerdem
frisches Obst nach Wahl

Schokolade

Für die Ganache Schokolade in Stücke brechen und im sauberen Mixtopf **6 Sekunden/Stufe 6** zerkleinern und anschließend herausnehmen. Sahne **2 Minuten/90 °C/Stufe 2** erhitzen. Schokoladenstückchen hinzufügen und **3 Minuten/Stufe 3** rühren, bis die Schokolade geschmolzen ist und sich eine homogene Masse gebildet hat. Ganache umfüllen und mindestens 1 Stunde, oder über Nacht kühl stellen.

Ganze Mandeln **8 Sekunden/Stufe 7** zerkleinern und aus dem Mixtopf nehmen. Nusskerne **4–5 Sekunden/Stufe 5** zerkleinern und ebenfalls aus dem Mixtopf nehmen.

Datteln mit 50 Gramm abgekochtem Wasser **10 Sekunden/Stufe 8** im Mixtopf zerkleinern, mit dem Spatel herunterschieben und mit einem Drittel der Nüsse und dem Reissirup **10 Sekunden/Stufe 7** zerkleinern. Anschließend alles gut mit dem Spatel zum Boden des Mixtopfes schieben.

Trockenfrüchte mit einem Messer fein hacken und mit allen anderen Zutaten **2 Minuten/Knetmodus** verkneten. Jeweils kleine Häufchen in die Tarteletteformen setzen und mit angefeuchteten Fingern festdrücken.

Fertigstellen
Die Ganache mit dem Schneebesen oder Handmixer steif schlagen, bis die Masse hell und steif geworden ist. Ganache in einen mit einer Tülle versehenen Spritzbeutel füllen und auf die Böden spritzen. Ganz nach Wunsch mit Früchten belegen.

Für 4 Gläser à 150 ml
Pro Glas ca. 434 kcal/1821 kJ, 15 g E, 38 g F, 9 g KH
leicht
Zubereitung: 15 Min.

Cheesecake im Glas

150 g Sahne
40 g Cantuccini
250 g Quark 20 % i.Tr.
200 g Frischkäse
3 Tl Xilit oder alternative Süße
100 g Beeren
Saft und Schale von ½ Zitrone
2 Msp. gemahlene Vanille

Außerdem
4 Beeren nach Wahl zur Dekoration
4 Blätter Melisse oder Minze

Rühraufsatz einsetzen und die Sahne auf **Stufe 3** bis zur gewünschten Festigkeit schlagen. Sahne umfüllen, kühl stellen und Mixtopf reinigen und trocknen.

Kekse zerbröseln und auf den Gläserböden leicht andrücken. Für die Cheesecake-Creme den Quark, Frischkäse, 2 Teelöffel Süße, Saft und Schale der Zitrone **30 Sekunden/Stufe 4** verrühren. Die Masse aus dem Mixtopf entfernen und teilen.

Mixtopf reinigen. Beeren gegebenenfalls auftauen lassen und mit dem letzten Teelöffel Süße **20 Sekunden/Stufe 7** mixen. Einen Teil der Cheesecake-Masse **30 Sekunden/Stufe 3** unter die Beeren rühren, in den anderen Teil mit einem Löffel die Vanille rühren. Beide Massen abwechselnd auf die Kekskrümelböden schichten. Etwas Sahne aufspritzen und jedes Glas mit einer Beere und einem Minze- oder Melissenblättchen dekorieren.

Für 6 Portionen (6 Formen à 11 cm ø)
Pro Portion 580 kcal/2430 kJ, 16 g E, 46 g F, 28 g KH
leicht
Zubereitung: 25 Min. (plus 30 Min. Backzeit)

Clafoutis
mit Kirschen und Bananen

500 g Süß- oder Sauerkirschen
130 g Butter
2 Bananen
Saft von ½ Zitrone
150 g blanchierte Mandeln
70 g Mandelmehl
90 g Xilit oder alternative Süße
2 Msp. gemahlene Vanille
1 Prise Salz
150 g Milch
2 Eier Gr. L
50 g Mandelblättchen
Puderzucker
Butter für die Form

Den Backofen vorheizen auf 190 °C. Die Kirschen waschen und von Stielen und Kernen befreien. Butter in einem Topf leicht bräunen. Bananen schälen, in grobe Stücke schneiden und mit dem Zitronensaft im Mixtopf **20 Sekunden/Stufe 4** pürieren, umfüllen und beiseitestellen. Mixtopf säubern und gut abtrocknen.

Blanchierte Mandeln **10 Sekunden/Stufe 8** zu geriebenen Mandeln zerkleinern. Mehl, die Hälfte des Xilits, Vanille und Salz zu den Mandeln geben und **5 Sekunden/Stufe 4** verrühren. Milch und Eier hinzugeben und **15 Sekunden/Stufe 4** verrühren. Die Hälfte der Butter hinzufügen und erneut **15 Sekunden/Stufe 4** verrühren.

Die Formen gut ausfetten und gleichmäßig das Bananenpüree in ihnen verteilen. Den Eierguss darüber verteilen und die Kirschen hineinsetzen. Mit Mandelblättchen und restlichem Xilit und Butter besprenkeln. 25–30 Minuten auf der mittleren Schiene backen, bis die Eiermilch gestockt und die Oberfläche goldbraun ist. Nach Wunsch mit einem Hauch Puderzucker bestreuen.

Für 12 Stücke (1 Springform 26 cm ø)
Pro Stück ca. 253 kcal/1061 kJ, 12 g E, 15 g F, 17 g KH
leicht
Zubereitung: 20 Min. (plus 70 Min. Backzeit + 2 Std. Kühlzeit)

Frischer Käsekuchen
ohne Boden mit Blaubeeren

6 Eier Gr. M
150 g Xilit oder alternative Süße
80 g weiche Butter
700 g Speisequark 20 % Fett i.Tr.
200 g Schmand
100 g Mandelmehl
2 Pk. Vanillepudding zum Kochen
Salz
300 g frische oder gefrorene Blaubeeren

Blaubeeren

Den Backofen auf 170 °C vorheizen.

Eier trennen, den **Rühraufsatz einsetzen** und Eiweiß im Mixtopf **4 Minuten/Stufe 3.5** steif schlagen. Aus dem Mixtopf umfüllen, **Rühraufsatz entfernen**, Mixtopf auswaschen und abtrocknen. Xilit **10 Sekunden/Stufe 10** zu Puder verarbeiten. Den **Rühraufsatz wieder einsetzen** und die weiche Butter mit dem Xilitpuder **3 Minuten/Stufe 4** weiß-schaumig rühren. Mit dem Spatel nach unten schieben, **4 Minuten/Stufe 3.5** einstellen und während die Zeit läuft, die Eigelbe nacheinander durch die Deckelöffnung gleiten lassen. **Rühraufsatz entfernen**, Butter und Eier **30 Sekunden/Stufe 6** mixen. Quark, Schmand, Mandelmehl, Vanillepudding und Salz dazugeben und **30 Sekunden/Stufe 3** unterrühren. Käsekuchenmasse in eine Schüssel füllen und erst den Eischnee, anschließend die Blaubeeren vorsichtig mit einem Spatel unterheben.

Den Rand einer Springform einfetten, in den Boden Backpapier einklemmen und die Käsekuchenmasse eingießen und glatt streichen. Den Kuchen 60–70 Minuten auf der mittleren Schiene backen. Er sollte oben maximal goldgelb sein und in der Mitte nur schwach beweglich. Vor dem Anschneiden 2 Stunden in den Kühlschrank stellen.

Für 12 Stücke (1 Springform 26 cm ø)

Pro Stück ca. 263 kcal/1102 kJ, 11 g E, 24 g F, 2 g KH

mittel

Zubereitung: 20 Min. (plus 50 Min. Backzeit + 60 Min. Kühlzeit)

Ricotta-Mandelkuchen
mit Zitrone

- 160 g Xilit oder alternative Süße
- 4 Eier Gr. M (Zimmertemperatur)
- 240 g blanchierte Mandeln
- 120 g weiche Butter
- Mark von 1 Vanilleschote
- Abrieb von 3 unbehandelten Zitronen
- 300 g Ricotta
- 20 g Mandelplättchen
- 125 g Blaubeeren, nach Belieben
- Butter zum Einfetten

Xilit **20 Sekunden/Stufe 10** zu Puder zerkleinern. Anschließend aus dem Mixtopf nehmen. Eier trennen, **Rühraufsatz aufstecken** und Eiweiß **4 Minuten/Stufe 3** im Mixtopf steif schlagen. **Rühraufsatz herausnehmen**, Eischnee umfüllen und kühl stellen. Mixtopf reinigen und abtrocknen. Mandeln **20 Sekunden/Stufe 4** zerkleinern und anschließend aus dem Mixtopf nehmen und diesen reinigen.

Den Ofen auf 175 °C vorheizen.

Butter mit 150 Gramm Xilit, dem Vanillemark und dem Zitronenabrieb **6 Minuten/Stufe 4** schaumig rühren, dabei nach 2 Minuten nacheinander die Eigelb durch die Deckelöffnung hineingleiten lassen. Anschließend Ricotta und gemahlene Mandeln hinzufügen und **1 Minute/Stufe 3** verrühren. In eine Schüssel umfüllen und erst ein Drittel des Eischnees und dann den Rest mit einem Spatel unterheben.

Die Springform einfetten. Die Blaubeeren verlesen, waschen und trocken tupfen. Die Hälfte des Teiges hineingießen, Beeren gleichmäßig verteilen und die zweite Hälfte Teig darübergießen und glatt streichen. Werden keine Beeren verwendet, den Teig auf einmal hineingießen und glatt streichen. Mit Mandelplättchen bestreuen und 45–50 Minuten backen, bis der Teig gestockt, in der Mitte noch ganz schwach beweglich und die Mandeln goldbraun sind. Den Kuchen 30 Minuten im Backofen abkühlen lassen, anschließend herausnehmen und vollständig auskühlen lassen. Vor dem Servieren mit dem restlichen Puderxilit bestreuen.

Für 8 Portionen (1 Form ca. 20 x 22 cm ø)

Pro Portion ca. 181 kcal/756 kJ, 4 g E, 16 g F, 5 g KH

leicht

Zubereitung: 15 Min. (plus 30 Min. Backzeit)

Saftige Zucchini-Brownies

- 50 g Zartbitterschokolade
- 2 El Kokosnussöl
- 200 g Zucchini
- 30 g mildes Öl
- 2 Eier Gr. L
- 60 g Xilit oder alternative Süße
- 1 Tl Vanilleextrakt
- 75 g Kokosmehl
- 20 g Kakao
- 1 Tl Backpulver
- 3 Prisen Salz

Schokolade

Den Backofen auf 175 °C vorheizen. Die Form mit Backpapier auslegen.

Schokolade in Stücke brechen und **5 Sekunden/Stufe 6** im Mixtopf zerkleinern, herausnehmen und beiseitestellen. Kokosöl **1 Minute/60 °C/Stufe 2** erwärmen und umfüllen.

Zucchini **10 Sekunden/Stufe 6** zerkleinern und mithilfe des Spatels herunterschieben. Beide Öle, Eier, Xilit und Vanille **30 Sekunden/Stufe 4** mischen. Mehl, Kakao, Backpulver und Salz hinzufügen und **30 Sekunden/Stufe 3** mischen. Der Teig sollte dick, aber feucht sein. Die Beschaffenheit hängt von dem Feuchtigkeitsgehalt der Zucchini ab. Ist der Teig zu trocken, 1–2 Esslöffel Wasser hinzufügen und gut durchrühren.

Den Teig in die Form streichen und mit den Schokostückchen bestreuen. 30 Minuten backen, anschließend in der Form vollständig abkühlen lassen, erst dann mit einem scharfen Messer in Stücke schneiden.

Tipp!

Diese Cantuccini kann man prima für das Cheesecake Dessert im Glas (S. 98) verwenden.

Für 50 Stück

Pro Stück ca. 44 kcal/185 kJ, 2 g E, 4 g F, 1 g KH

leicht

Zubereitung: 25 Min. (plus 10 Min. Quellzeit + 45 Min. Backzeit)

Cantuccini mit Feigen

- 230 g Mandeln
- 40 g Xilit oder alternative Süße
- 60 g Butter
- 2 Eier Gr. L
- 2 Msp. gemahlene Vanille
- 1 Prise Salz
- 3 getrocknete Feigen
- 20 g geschrotete Goldleinsaat
- 1 gestrichener Tl Backpulver
- 1 gehäufter Tl gemahlene Flohsamenschalen

130 Gramm Mandeln in den Mixtopf geben und **10 Sekunden/Stufe 8** zu Mandelmehl zerkleinern. Mandelmehl herausnehmen. Die restlichen 100 Gramm Mandeln **3–4 Sekunden/Stufe 4** grob zerkleinern, Mandeln ebenfalls herausnehmen und in einen separaten Behälter geben.

40 Gramm Xilit, Butter, Eier, Vanille und Salz in den Mixtopf geben und **mit dem Rühraufsatz 2 Minuten/Stufe 4** verrühren, anschließend **Rühraufsatz entfernen**.

Backofen auf 160 °C vorheizen. Feigen mit einem scharfen Messer in erbsengroße Stücke schneiden.

Goldleinsaat, Backpulver, Flohsamen und die feinen Mandeln in den Mixtopf geben und **3 Minuten/Stufe 5** verrühren. Grob gehackte Mandeln und Feigen **15 Sekunden/Stufe 5** unterrühren. Den Teig in eine Schüssel umfüllen und 5–10 Minuten quellen lassen.

Ein Backblech mit Backpapier belegen und aus dem Teig zwei 25–30 cm lange, abgeflachte Rollen formen.

Cantuccinirollen 25 Minuten goldbraun backen, aus dem Backofen nehmen und einige Minuten abkühlen lassen. In 1 cm breite Scheiben schneiden und diese liegend weitere 20 Minuten knusprig backen.

Cantuccini in einem geschlossenen Gefäß aufbewahren.

Für 40–50 Stück
Pro Stück ca. 104 kcal/434 kJ, 4 g E, 9 g F, 1 g KH
mittel
Zubereitung: 60 Min. (plus 24 Std. Ruhezeit + ca. 51 Min. Backzeit)

Elisenlebkuchen

- 100 g Mandeln
- 380 g Haselnüsse
- 50 g Walnüsse
- 150 g Xylit oder alternative Süße
- 6 Eier Gr. L
- 40 g kandierter Ingwer oder haselnussgroßes Stück Ingwer
- 3 Tl Vanilleextrakt oder Mark von 1 ½ Vanilleschote
- Abrieb von 1 ½ unbehandelter Orange
- Abrieb von 1 unbehandelter Zitrone
- 2 Msp. Pottasche

Außerdem

- Oblaten von 7 cm ø
- 3 Deko-Mandeln pro Elise

Mandeln und 100 Gramm Haselnüsse im Mixtopf **10 Sekunden/Stufe 8** fein zerkleinern und anschließend aus dem Mixtopf nehmen. Restliche Haselnüsse und Walnüsse im Mixtopf **4 Sekunden/Stufe 5** grob zerkleinern und anschließend entfernen.

Rühraufsatz einsetzen und Xylit mit Eiern **5 Minuten/Stufe 4** aufschlagen, bis sich das Xylit gelöst hat. Frischen Ingwer reiben, kandierten in Stückchen hacken. Alle restlichen Zutaten außer Oblaten und Deko-Mandeln in den Mixtopf geben und **50 Sekunden/Stufe 3** vermengen. Teig in eine Schüssel füllen und mit Folie bedeckt 24 Stunden ruhen lassen.

Backofen auf 200 °C vorheizen.

Den Teig etwa 1 cm hoch auf Oblaten streichen. Das geht am besten mit einem angefeuchteten Esslöffel. Nach Wunsch jeweils 3 Mandeln in den Teig legen und sanft andrücken. Elisen 12–17 Minuten goldbraun backen. In einer verschlossenen Dose halten sich Elisenlebkuchen 2–3 Wochen lang frisch.

Geschenke aus der Küche

Ein absolutes Highlight sind diese feinen Low-Carb-Geschenke zum Genießen

Für 2 Flaschen à ca. 750 ml
Pro Flasche ca. 695 kcal/2917 kJ, 3 g E, 2 g F, 18 g KH
leicht
Zubereitung: 20 Min.

Erdbeerlimes

180 g Xilit oder alternative Süße
200 g Zitronensaft
Schale von 3 unbehandelten Zitronen
600 g Erdbeeren
500 g Wodka 40 oder 50 %
1 Sieb, am besten ein stabiles Spitzsieb
1 Mulltuch zum Durchseihen

Xilit, 200 Gramm Wasser, den Zitronensaft und die Schalen in den Mixtopf geben und **3 Minuten/100 °C/Stufe 1** kochen.

Die Erdbeeren waschen und putzen, in den Mixtopf geben und alles **10 Minuten/98 °C/Stufe 2** köcheln. Einige Grad abkühlen lassen, den Wodka hinzufügen und **20 Sekunden/Stufe 2** mixen.

Durch ein mit dem Mulltuch ausgelegtes Sieb in eine Schüssel passieren. Dabei am Ende mit der Hand bis auf den letzten Rest die gesamte kostbare Flüssigkeit hinauspressen. Fruchtstücke sollten nicht mit hineingelangen, weil diese die Haltbarkeit verringern. Noch heiß in saubere, sterile Flaschen gefüllt, hält der Limes mindestens einige Wochen.

For you
For you

Für 18 Stück

Pro Stück ca. 76 kcal/317 kJ, 2 g E, 5 g F, 5 g KH

mittel

Zubereitung: 30 Min. (plus ca. 10 Min. Backzeit + 30 Min. Zeit zum Abkühlen)

Haselnuss-Trüffel

100 g Haselnüsse
50 g Mandeln oder Cashewnüsse
2 El Kakao
2 Msp. gemahlene Vanille
2 Prisen Salz
2 El Reissirup
90 g Datteln ohne Kern
Kakaopulver zum Wälzen

Ofen auf 170 °C vorheizen, die Haselnüsse 10 Minuten rösten und anschließend abkühlen lassen. Mithilfe eines Geschirrtuches die Schale von den Nüssen reiben.

40 Gramm Nüsse **5 Sekunden/Stufe 6** im Mixtopf zerkleinern und anschließend entfernen. Von den übrigen Nüssen 18 Stück beiseitelegen, die restlichen mit den Mandeln **10 Sekunden/Stufe 8** fein zerkleinern. Kakao, Vanille, Salz, Reissirup und Datteln hinzufügen und **1 Minute/ Stufe 5** mischen. Läuft das Messer ins Leere, zwischendurch stoppen und die Masse mit dem Spatel herunterschieben. Nussmasse aus dem Mixtopf in eine Schüssel umfüllen.

Pro Kugel etwas Nussmasse auf den Handteller geben, eine ganze Nuss in die Mitte legen und die Masse um die Nuss herum zur Kugel formen. Fortfahren, bis alle Zutaten verbraucht sind. Anschließend können die Kugeln in Kakao oder Haselnussstückchen gewälzt werden.

Für 20–25 Stück

Pro Stück ca. 89 kcal/371 kJ, 3 g E, 6 g F, 5 g KH

leicht

Zubereitung: 45 Min.

Rohe Minze-Limette-Kugeln

2 unbehandelte Limetten
160 g blanchierte Mandeln
10 Minzeblätter
120 g Cashewkerne
7 getrocknete Datteln oder 3 frische
1 El Agaven- oder Reissirup

Zum Rollen
Zesten von ½ Limette
2 El Kokosraspel
gepoppter Amarant, nach Belieben

Limetten waschen, trocken reiben und die Schale abreiben.

Mandeln **10 Sekunden/Stufe 8** zerkleinern, aus dem Mixtopf nehmen, 60 Gramm abwiegen und beiseitestellen.

Minze nacheinander **2 mal 1 Sekunde/Turbomodus** zerkleinern, dazwischen Blätter mit dem Spatel hinunterschieben.

100 Gramm Mandeln, Cashewkerne, Datteln, Sirup und Limettenschale in den Mixtopf geben und **20 Sekunden/Stufe 6** zerkleinern. Alles mit dem Spatel nach unten schieben und **20 Sekunden/Stufe 8** zerkleinern. Nussmasse in eine Schüssel umfüllen. 60 Gramm Mandeln, Kokos, Amarant und Limettenzesten auf Teller schütten. Mit den Händen kleine Bällchen formen und nach Wunsch in den anderen Zutaten wälzen.

In einem geschlossenen Gefäß halten die Bällchen bis zu 1 Woche.

Für 12–15 Stück (1 Form à 20 x 28 cm)
Pro Stück ca. 213 kcal/891 kJ, 5 g E, 17 g F, 10 g KH
mittel
Zubereitung: 20 Min. (plus ca. 2 Std. Kühlzeit)

Rohe Energie-Riegel
ohne Backen

50 g ganze Mandeln
100 g Nüsse nach Wahl
60 g Datteln ohne Kern
20 g Reissirup
30 g getrocknete Aprikosen
35 g getrocknete Cranberries
100 g Kokos- oder Mandelmehl
60 g geschrotete Goldleinsaat
75 g Mandelmus
1 Tl gemahlener Zimt
2 Prisen Salz

Außerdem

25 g Nüsse und Trockenfrüchte als Dekoration

Aprikosen

Cranberrys

Ganze Mandeln im Mixtopf **8 Sekunden/Stufe 7** zerkleinern und herausnehmen. Nüsse **4–5 Sekunden/Stufe 5** zerkleinern und ebenfalls herausnehmen.

Datteln mit 50 Gramm abgekochtem, kaltem Wasser **10 Sekunden/Stufe 8** zerkleinern, mit dem Spatel herunterschieben und mit einem Drittel der Nüsse und dem Reissirup **10 Sekunden/Stufe 7** zerkleinern. Anschließend alles sorgfältig mit dem Spatel herunterschieben.

Trockenfrüchte grob mit einem Messer hacken und mit allen anderen Zutaten **2 Minuten/Knetmodus** verkneten. Die Form mit Backpapier auskleiden und die Masse hineingeben. Die Oberfläche mit einer Palette oder anderem geeigneten Gegenstand flach drücken. Die Deko-Nüsse und Früchte obenauf verteilen und erneut alles gut andrücken und pressen. Je gleichmäßiger und fester die Masse in die Form kommt, desto stabiler sind später die Riegel. Die Form jetzt für mindestens 2 Stunden in den Kühlschrank stellen und anschließend die Masse mit einem scharfen Messer in Riegel schneiden.

Kühl lagern und innerhalb einer Woche verbrauchen.

Für 15–30 Stück (je nach Höhe)
Pro Stück (bei 15) ca. 79 kcal/330 kJ, 2 g E, 7 g F, 2 g KH
mittel
Zubereitung: 40 Min.

Kokos-Quark-Makronen

200 g Kokosraspel
60 g Xylit oder alternative Süße
1 Prise Salz
4 Eiweiß Gr. L
100 g Quark 20 % i.Tr.
pro Makrone ½ Stück Zartbitterschokolade, nach Belieben
Oblaten à 7 cm ø

Den Backofen auf 190 °C vorheizen.

Kokosraspel, Xilit, Salz und Eiweiß in den Mixtopf geben. Die Masse **5 Minuten/60 °C/Stufe 2** erwärmen. Den Quark **30 Sekunden/Stufe 4** unterrühren. Ist die Masse sehr trocken, der Masse nach Bedarf noch 1–3 Esslöffel Wasser hinzufügen.

Nach Belieben auf jede Oblate ½ Stück Schokolade setzen. Mit 2 Löffeln die Kokosmasse gleichmäßig auf die Oblaten setzen und dabei darauf achten, dass die Schokolade gut eingeschlossen ist. Makronen auf ein mit Backpapier belegtes Backblech setzen und 12–15 Minuten hellgoldbraun backen.

Für 1 Glas à ca. 310 g
Pro Glas ca. 1767 kcal/7401 kJ, 72 g E, 159 g F, 17 g KH
leicht
Zubereitung: 20 Min.

Süß-salziges Mandelmus

300 g blanchierte Mandeln
1,5 Tl Vanilleextrakt, nach Belieben
1 Tl Salzflocken, nach Belieben
3 Tl Xilit oder alternative Süße, nach Belieben

Die Mandeln für etwa 15 Minuten im vorgeheizten Backofen bei 160 °C rösten.

Mandeln in den Mixtopf geben und **ca. 15 Sekunden/Stufe 10** zerkleinern. Anschließend **3–4 Minuten/Stufe 4** rühren, bis das Öl austritt und die Mandeln eine cremige Konsistenz haben. Salz und Xilit **30 Sekunden/ Stufe 3** einrühren.

Mandelmus in saubere Gläser füllen und verschließen. Kühl aufbewahrt, ist das Mandelmus monatelang haltbar.

Tipp: Dieses Mandelmus kann man prima für das Nuss-Saaten-Granola (S. 19) verwenden. In diesem Fall empfiehlt es sich, das Salz wegzulassen.

Für ca. 14 Stück

Pro Stück ca. 63 kcal/264 kJ, 4 g E, 5 g F, 0 g KH

leicht

Zubereitung: 15 Min.

Käse-Lollies

200 g Käse, zum Beispiel Parmesan oder Cheddar

zum Bestreuen: Mohn, Sesam, Koriander, rosa Pfeffer, Kümmel, getrocknete Kräuter

Außerdem

runder Ausstecher à 6 cm ø

14 Holzpieße

Käse

Den Ofen auf 200 °C vorheizen und Zutaten zum Bestreuen bereitlegen.

Käse in 3–4 cm große Stücke schneiden und **5–10 Sekunden/Stufe 5** zerkleinern.

Ein Backblech mit Backpapier belegen und nacheinander mithilfe eines Ausstechers kleine gleichmäßige Käsehäufchen auf das Blech streuen. Diese dabei etwas fest drücken.

Spieße hineindrücken und ganz nach Wunsch mit Pfeffer, Sesam oder weiteren Zutaten bestreuen und ca. 10 Minuten backen, bis der Käse beginnt sich zu bräunen. Wenn nötig, die Spieße während des Backens noch einmal in den Käse drücken. Erst vom Blech nehmen, wenn die Lollies vollständig erkaltet sind.

Für 1 Glas à 340 ml

Pro Glas ca. 211 kcal/882 kJ, 4 g E, 10 g F, 23 g KH

leicht

Zubereitung: 35 Min.

Rote-Bete-Ketchup

- 1 kleine rote Zwiebel
- 1 El Öl
- 250 g Rote Bete
- 50 g Apfelessig
- 50 g Xilit oder alternative Süße
- Salz, Pfeffer
- 2 Msp. gemahlener Koriander
- Essig zum Abschmecken

Rote Bete

Zwiebeln

Zwiebel schälen und halbiert in den Mixtopf geben. **1 Sekunde/Turbomodus** zerkleinern und mit dem Spatel nach unten schieben. Mit dem Öl **4 Minuten/120 °C/Stufe 1.5** dünsten.

Rote Bete schälen, würfeln und hinzugeben. **10 Sekunden/Stufe 5** zerkleinern und mit 60 Gramm Wasser, Apfelessig, Xilit, etwas Salz, Pfeffer und den Gewürzen **30 Minuten/100 °C/Stufe 1.5** garen. Lauwarm abkühlen lassen. Alles **1 Minute/Stufe 8** pürieren.

Nochmal mit Pfeffer, Salz und Essig abschmecken und in saubere, sterile Gläser füllen.

Für längere Haltbarkeit empfiehlt es sich, den Ketchup vor dem Abfüllen erneut zu erhitzen.

For you!
For you!

Rezeptverzeichnis